# 座右の世阿弥

## 不安の時代を生き切る29の教え

齋藤孝

光文社新書

# はじめに――この不安の時代に

私はこれまで、光文社新書で『座右のゲーテ』『座右のニーチェ』『座右の諭吉』という本を書いてきました。たくさんの人に読んでいただき、とてもうれしく思っています。

今回、皆さんの座右にお届けするのは**「世阿弥《ぜあみ》」の言葉**です。

世阿弥（一三六三?〜一四四三?）は室町時代に活躍した能楽師です。

能というと、「高尚で、うかつに近寄れなそう」「わかりにくい」というイメージをお持ちの方も多いかもしれませんが、日本が誇る伝統芸能です。

仮面劇という形態、装束の美しさ、夢幻能《むげんのう》という構成様式とその世界観――。

能をこのような演劇スタイルに昇華させた最大の功労者が世阿弥です。

世阿弥は、役者であり、劇作家であり、演出家であり、一座の座長、棟梁として社長業も務め、さらには能のあり方を理論的にまとめたものを種々著しています。

世阿弥の偉業は多々あるのですが、なかでも私がとくにすごいと思っているのが、**舞台芸術のあるべき姿というものを徹底的に客体化し、その全体像を俯瞰視点で明確につかみとっていた点**です。

西洋の演劇史に燦然《さんぜん》と輝く存在、シェイクスピアが活躍したのは世阿弥の二百年後のこと。そのシェイクスピアも、世阿弥のような演劇論は書いていません。

世阿弥は日本の演劇界における不世出の天才、それも世界レベルの天才なのです。

世阿弥は、伝書として二一種の能楽論を遺《のこ》していますが、これらは異色の書です。

何が異色かというと、多くの人に読んでもらうために書いたのではなく、自分の後継者だけに伝え残そうとした「秘伝」だったからです。能楽を伝承する家系に、ひっそりと伝えられてきた秘中の書。世に詳《つまび》らかにされたのは、明治時代のことでした。

異色である理由がもうひとつあります。

限られたごく一部の能楽関係者に伝え残すための芸の指南書でありながら、能の専門知識を持たない門外漢が読んでもめっぽう面白い。さまざまな気づきを与えてもらえる内容だということです。

いったいなぜ、能を知らない人が読んでも納得できるのか――。

**世阿弥が説いているのが、普遍的な「『あいだ』の技術」だから**です。

## 自分と他人との「あいだ」を把握する

世阿弥の考える最高の芸のあり方とは、観客に面白いと思ってもらえること、喜んでもらえること、でした。

どうしたらこの場のお客さんに満足してもらえるだろうか。そのニーズを汲《く》み取って、求められていることに応えられるか。——まず観客の感じ方ありき、なのです。

この基本姿勢のもと、世阿弥は、**場に集い来る人々との「あいだ」をどうやって捉え、どんなものの見方をし、どんなふうに何をしたらいいか、**といったことを、さまざまな角度から教えてくれます。

当時、芸能者間には熾烈《しれつ》な競争がありました。

観客の満足を第一に考えることは、興行を成功させるため、ひいては人気を獲得して生き残っていくための必須条件だと世阿弥は考えていました。

世阿弥の「あいだ」の技術は、能に限らず、表現者として舞台に立つ人が知りたくなる内容だったのです。

## あらゆる仕事が「あいだ」で成立している

世阿弥を座右に置こう、と皆さんに提案するいちばんの理由もここにあります。

現代は、自分が「どう見られているのか」「どう受けとめられているのか」ということを意識せずにはいられない社会環境になっています。

あらゆる仕事が、人と人とのあいだで成立しており、相手の意向に沿えるかどうかが評価に直結します。

日常的なコミュニケーションにおいても、言動のあらゆることが他者からの評価の対象になっていますね。

一方的な価値観による言動で人を傷つけたと見なされれば、ハラスメントになります。ＳＮＳでの発信が、周囲への影響を考えない短絡的なものと捉えられれば、激しいバッシングに遭います。

自分にはそんな意図はなかったとしても、そう受けとられるようなことをしてしまったら「アウト！」です。

自分をどう見せられるかということへの意識の比重が高まるなか、みんなが「評価されたい」と切望しています。「どうしたら顧客満足を得られるか」と考えている。

**誰もが「あいだ」の技術を必要としています。**

だから世阿弥の言葉に触れるのです。

## 世阿弥はいつも不安と闘っていた

先の見えない時代、競争社会の重圧とストレスのなかでどう生きるかについても、世阿弥は多くの示唆を与えてくれます。

子ども時代から美少年ともてはやされた世阿弥ですが、不幸や不運にもたびたび見舞われています。

父・観阿弥《かんあみ》を二一歳のときに亡くし、若い身空で一座の棟梁という立場を背負うことになった世阿弥は、そこから十年ほど表舞台でその名を見られなくなります。

棟梁としての自立した力を蓄えるまでは、苦節の時期を過ごしました。

世阿弥は将軍・足利義満という強力な後援者を得ていましたが、パトロンとの関係によって、ライバルたちとの力関係も変わります。実際、将軍の代替わりによって、世阿弥の一座が遠ざけられることもありました。人気の浮沈《ふちん》は、一座の存続に直結する問題だったのです。

後継者として期待をかけていた息子・元雅《もとまさ》に先立たれる、という不幸もありました。

さらには、佐渡に流されるという予期せぬ晩年の迎え方もしています。

**世阿弥は、けっして順風満帆、自信たっぷりの人生を送ったわけではなく、むしろ先の見えない不安と闘いつづけていた人**です。

苦節、逆境いろいろありながらも、世阿弥は前を向いて道を歩むことをやめませんでした。淡々と、能に情熱を注ぎつづけるのです。

七四歳で佐渡送りになってもなお、能への思いは熱く、その火は消えなかったと言われています。

**ひたすら「花」を追い求めて強い心で生き抜いた。**

〈命《いのち》には終りあり、能には果《は》てあるべからず〉という言葉も遺していますが、自分の人生を生ききる覚悟が据わっているのです。

世阿弥の美学は、単に演劇表現としての美しさにとどまりませんでした。

世阿弥がとなえたのは、**一生涯、張り合いを失わずに生ききるための心の持ち方、**

**生き方の美学**でもあります。

五〇以上の能をつくり、能楽の本もたくさん書いていた世阿弥は、言葉の名手です。

今回、世阿弥の言葉を引いたのは、『風姿花伝《ふうしかでん》』と『花鏡《かきょう》』です。

時代の変遷を経て、いま私たちがこうして世阿弥の言葉に触れることができるのは、たいへん幸運なことだといえます。

世阿弥の遺してくれたたくさんの花の種から、この不安の時代を生きる私たちに有意義なヒントをもたらしてくれる言葉を、今日的な格言に置き換えてお届けします。

ひとつでもふたつでもいい、世阿弥の花の種を自分の心に撒《ま》き、育ててみてください。そして、人生に「真の花」を咲かせてください。

その一助となれば、私にとっても大いなる喜びです。

＊本書における『風姿花伝』『花鏡』の原文引用（〈　〉部）は、『風姿花伝・花鏡』（小西甚一編訳、タチバナ教養文庫）を底本としました。

＊訳文は私の意訳です。逐語訳ではなく、世阿弥の言葉を今日的なわかりやすい表現として伝えることに主眼を置きました。作成にあたっては、以下のテキストを参考にしています。

・『風姿花伝』（野上豊一郎・西尾実校訂、岩波文庫）
・『日本の名著10　世阿弥』（山崎正和責任編集、中央公論社）
・『花伝書（風姿花伝）』（川瀬一馬校注・現代語訳、講談社文庫）
・『風姿花伝・花鏡』（小西甚一編訳、タチバナ教養文庫）
・『風姿花伝・三道』（竹本幹夫訳注、角川ソフィア文庫）

# 座右の世阿弥　目次

構成／阿部久美子

# 第1章

# 心をつかむ

## 1　マンネリを打破する

**花は隠しておくことに意味がある、秘すればこそ花になるのだ。**

〈秘《ひ》すれば花なり。秘《ひ》せずは花なるべからず〉
（『風姿花伝』別紙口伝）

## 秘伝の秘密

〈秘《ひ》すれば花〉――この言葉は、日本人の美学の心根を端的に言い尽くした名句です。字面《じづら》も美しい。「秘」の文字に人の心は騒ぐもの。「秘」とついているだけで興味がそそられ、魅力が何割増しかになる。秘湯《ひとう》、秘境、秘策、秘伝……人は秘密にされているものが好きなのです。

『演劇人世阿弥　伝書から読む』（ＮＨＫブックス）という本で、劇作家の堂本正樹さんが世阿弥の著作に登場する「秘」に類する言葉を数え上げています。

それによると、

**秘歌　一　　秘儀　三　　秘曲　七　　秘事　一二　　秘す　八**
**秘伝　一三　　秘伝云々　二　　ひそか　三**

合計四九回も「秘」が使われているというのです。

世阿弥は生涯で二〇を超す伝書を遺していますが、芸の真髄を「秘す」ことに強い思いを寄せていたことがわかります。

そもそも『風姿花伝』の書そのものが、長く秘されていたものでした。

**世阿弥はこれを、家にのみ伝えるもの、一子相伝《いっしそうでん》のものとして著しました。**

室町時代、六百年前に書かれた『風姿花伝』の存在が世に知られるようになったのは、明治四二年（一九〇九）のことです。それまではずっと、世阿弥の流れを汲《く》む能の家にだけ伝わる門外不出の教え、秘伝だったのです。

一般に、本とは広くその考えを知ってもらうために書くものですが、『風姿花伝』は後継者ただひとりに読ませるためだけに書かれたものでした。

そのひとりが、やがて後継者となる次の世代のひとりに伝え、そのひとりがさらに次代に伝える。一子相伝とはそういうことです。

埋もれていた『風姿花伝』は、明治四二年当時に発見されていた世阿弥の書と伝えられる諸本と共に『世阿弥十六部集』として公刊されます。世阿弥の研究が本格的に行われるようになったのは、そこからでした。

私が二十代のころに文庫で読んだときは、「花伝書」と呼ばれていました。その後の研究により、正式な書名は『風姿花伝』であるとわかり、いまはこれで知られるようになりました。

## 競争社会で勝つために

世阿弥はなぜ秘伝にしたのでしょうか。

いくつかの目的があったと考えられます。

ひとつは、**他の流派に知られたくなかった、**ということ。

世阿弥の時代、申楽《さるがく》（猿楽）には多くの流派があり、それぞれが座をなしており、生存競争の厳しい世界だったのです。

他座の演者と芸を競い合う「立ち合い」というものがあり、そこで勝つことがその後の人気に直結していた。勝てば人気が隆盛になり、いろいろなところに呼ばれ、どんどん芸を披露するチャンスが増える。いまでいえば、お笑い芸人さんたちの『M-1グランプリ』や『キングオブコント』のようなものだったわけですね。

**立ち合いで勝てるかどうかに、一座の命運がかかっていた。**

ですから、他の流派に自分たちの芸のやり方、手の内を知られたくない。これは一座の繁栄に関わる企業秘密だったわけです。

## 飽きられることへの危機感

もうひとつ、世阿弥は**「飽きられない」ことが大切**だと感じていた、ということがあります。

現代の芸能人を見ていても、人気が出て一気にブレイクしたけれども、一年くらいするとパタリと露出がなくなってしまうことがよくあります。芸人さんだと「一発屋」と呼ばれたりしますが、原因のひとつは人々から飽きられてしまうことにあります。

最初は面白いと思う。でも、ずっとそれだけだと人は飽きてしまいます。食傷ぎみになると、むしろあまり見たくないとまで思う。

世阿弥は、**人気とは移ろうもの**だとよく知っていました。

世阿弥の父・観阿弥は、それまでの申楽の芸風を変革し、上品で美しい舞を見せるなどして大和申楽《やまとさるがく》のあり方を変え、人気を獲得した役者でした。また世阿弥自身は、子ども時代からうるわしい童子として将軍・義満に愛され、貴族や武人たちからも贔《ひい》屓《き》にしてもらっていました。

しかし流れは変わるもの。潮目が変われば人気に陰りが出る。これもまた、一座の存続に関わる問題です。

父や自分の経験を通して、「飽きられないための工夫」を伝え残さなければならないという気持ちは切実にあったと考えられます。

**どんなに素晴らしい芸でも、ワンパターンでは飽きられます。マンネリは敵。**

では、どうすればマンネリに陥《おちい》らないか。

**大事なのは、つねに観客に新鮮さを提供すること**です。驚きがあること。見るたびに新鮮な驚きがあれば、飽きないわけです。

## 先入見を持たせない

世阿弥は観客を飽きさせないための重要な要素が**〈珍らしき〉**ことだと考えていました。

次の〈花と、面白きと、珍らしきと、これ三つは同じ心なり〉という言葉とも関係することですが、もし「これから珍しいことをやるぞ」と観客がわかっていたら、そういうつもりで期待していますから、あまり新鮮な感動が湧かないものです。

何も知らないで見ていれば、それが珍しさの効果を狙ったものだとはわかりませんから、「おっ、なかなか面白いぞ」「この役者は意外にうまいんだな」と感じる。驚かせ、感動させることもできるし、役者の花にもなる。

観客が『風姿花伝』を読んでしまったら、役者が意図していることを知られてしまうことになります。それでは、面白いと感じる気持ちもしぼんでしまいます。

予期できると、意外性が薄まってしまう。観客にはよけいな先入見を持たせないほうがいい。新鮮に感じてもらうには、そこに意外性がなければなりません。

世阿弥は兵法を引き合いに出して、意表をつくことで強敵にも勝てるではないか、とも言っています。

〈人の心に思ひも寄らぬ感《かん》を催《もよお》す手立て、これ花なり〉（『風姿花伝』別紙口伝）

**思いがけない感動を与える手段、それこそが飽きられない秘訣になる**わけです。

世阿弥はどう見せればいいか、どうすれば人の心をつかむことができるかを非常によく考えていたし、自身でその感覚もよくわかっていた人です。

〈秘《ひ》すれば花なり、秘《ひ》せずは花なるべからず〉

秘密にするからこそ花なのだ、秘めておかなければ花にはならない。

これは、表現者であり、一座を率いるリーダーとしてのサバイバルの秘策でした。

現代社会では、舞台に立つ人だけが表現者ではなく、**誰もが情報を発信する術《すべ》を持っている表現者**です。情報過多社会のなかで、消費のスピードもどんどん早くなっており、「飽きられるのが不安だ」という感覚は、とても強いと思います。

だからこそ、〈秘《ひ》すれば花〉という心得を身につけたいところです。

## 2　目新しい自分を探す

**「珍しい」と驚く、**
**その意外さが面白さであり、**
**花なのである。**

〈花と、面白きと、珍らしきと、これ三つは同じ心なり〉
（『風姿花伝』別紙口伝）

## 花は散るから愛されつづける

珍しさと面白さについては、前項〈秘《ひ》すれば花〉でも触れましたが、面白さ、珍しさと相通じる花とはいったいどういうものなのか、それを語っているのがこの部分です。

〈そもそも花と云ふに、万木千草《ばんぼくせんそう》において、四季折節《おりふし》に咲くものなれば、その時を得て珍らしきゆゑに、翫《もてあそ》ぶなり。申楽《さるがく》も人の心に珍らしきと知る所、すなはち面白き心なり。花と、面白きと、珍らしきと、これ三つは同じ心なり。何《いず》れの花か散らで残るべき。散るゆゑによりて、咲く頃あれば珍らしきなり。能も住《じゅう》する所なきを、まづ花と知るべし。住《じゅう》せずして余《よ》の風体《ふうてい》に移れば、珍らしきなり〉

（『風姿花伝』別紙口伝）

自然界における花が美しいのは、どんな植物も四季折々の変化にともなって咲くものだから。時節を得て咲く、その様子を見て、人々は「趣《おもむき》があっていいね」とか「ああ、美しい」と心を動かす。つまり、折ふしに新鮮に感じるのがいいのである。

能という芸道における花の美しさというものも、それと同じ。感興がそそられるということは、もの珍しさ、すなわち新鮮さがあるということであり、それが花となる。花とは、面白いこと、珍しいことと同じ意味で、互いに通じ合っているものだ。

世阿弥はこう言って、自然の花と、芸道の花との共通性を語ったあと、さらにたたみかけます。

永遠に咲きつづける花、散らない花というものがあろうか。散るから、また咲く季節が新鮮に思われる。また咲くのが楽しみになるのではないか。

花が散ることを、儚《はかな》いこと、心寂しいことと捉えるのが日本的な心性としては一般的です。世阿弥は、むしろ花は散るからこそ美しい、散るからまた季節がめぐってきたら咲く、人はそれを新鮮に思って愛おしむのだ、と非常に肯定的に捉えています。

そこから、**ひとつのありように固着しない、停滞しないことが花のありよう**というものだ。能も、ひとつの形にとどまらず、変わりつづけていくことが望ましい、こう説くのです。

## そこに目新しさはあるか

観阿弥・世阿弥の出自である大和申楽《やまとさるがく》は、鬼を演ずる能を得意としていました。世阿弥も、鬼に扮する能をしっかり研究し、修練していたはずです。

しかし世阿弥は、鬼を面白く演じることができる役者は名手だと言いつつも、鬼の能ばかりが得意だというのは、花とは何かを知らない役者である、と手厳しい。

〈鬼ばかりをよくせん者は、ことさら花を知らぬ為手《して》なるべし〉（『風姿花伝』物学《ものまね》条々）

さらには、鬼能ばかりを得意がってやっている役者は、案外、その鬼すらもあまり面白くないものだ、とバッサリ斬っています。一生懸命研究して鬼役の名手になったとしても、いつも鬼能ばかりやっていたのでは観客は飽きます。マンネリになります。面白いとは珍しいこと、つまり新鮮に感じられることなのですから、**得意だからといって、ひとつの種類のことばかりやっていたのでは飽きられてしまう。**

春には春の花が咲き、夏には夏の花が咲くように、役者がたくさんの演目を身につけていて、そのときどきに応じていろいろな種類の能を披露できたら、「おっ、これは珍しい」と新鮮に思ってもらえる。喜んでもらえます。

いつもは優美で美しい舞を得意とする役者が、恐ろしい鬼を演じたら、「なんと！　この人はこんなものもできるのか」と、人々は新鮮さを感じ、興味を募《つの》らせます。その役者の魅力がグッと広がります。だから、ひとつのことばかりやるのではなく、**いろいろな演目を学んで、工夫を凝《こ》らして、見る人の心に、つねに珍しい、新鮮だという思いを湧き起こさせることが肝要。そこに芸の花が咲く。**

〈物数を尽して、工夫を得て、珍らしき感を心得るが花なり〉（『風姿花伝』別紙口伝）

花とは、面白いこと、珍しいことと同じだ、という言葉を通して世阿弥が伝えたかった主眼は、ここにあると思います。

## 「専門家」になりすぎてはいけない

仕事の価値を専門性に置きすぎる人がいます。強みを持つことはいいことですが、

「これが自分の本分」という意識が強すぎると、伸びやかな発想ができないのです。むしろ、**いろいろな部署を渡り歩いて、異なる視点や多彩な能力を身につけてきた人のほうが新鮮で面白いことを考えつきます。**これなども、〈物数を尽して、工夫を得て、珍らしき感〉を出せるようになるということでしょう。

自分の意にそわない部署に配属され、「こんなことをやるためにこの会社に入ったわけじゃない」とくさってしまったり、辞めてしまったりするのはもったいないことです。目新しい自分を発掘する好機をもらった、と受けとめたほうがいいのです。苦手で、これまで避けていたようなことほど、挑戦しがいがあります。

いつも「ギョギョギョッ」と言いながら楽しくお魚の解説をしているさかなクンが突然サックスを吹く姿は、新鮮でとってもカッコいいではありませんか。振れ幅が大きいと、珍しき感がいっそう強いのです。

## 3　つねにメリハリを意識する

# すべてのことに序・破・急がある。

〈一切《いっさい》の事《じ》に序・破・急あれば、申楽《さるがく》もこれ同《おな》じ〉

（『風姿花伝』問答条々）

## 序破急のなかにまた序破急がある？

〈序・破・急〉という言葉の源流は、雅楽《ががく》にあるといわれています。楽曲の流れをあらわしていたものが、連歌《れんが》の世界で用いられるようになり、これを能の構成や演出の考え方にも活用できる、と世阿弥は考えたようです。

一日の舞台で、どんな演目をどんな順番でやるか。いまでいうプログラムを組む際、序破急で考えなさい、と世阿弥は言います。

**序が導入部、破が本編の展開部、急が結び、という三部形式**で考える。

序にあたる最初の出し物は、すっきりと折り目正しいものを控えめにやるのがいい。大事なのが、「おめでたい題材」のものを欠かしてはならないということです。

その後、破では場の堅苦しさを少しずつ解きほぐし、変化を持たせた出し物を何番かやる。得意としているもの、技巧を凝らしたものなどをたっぷり見せる。

最後の急では、その場の締めくくりにふさわしい出し物を見せる。急では、テンポが速く動きも激しいものを、一番だけやるのがいい。

要するに、最初はまだ観客の気持ちも盛り上がっていないのだから、あまり奇をてらわずに正統的なことをやる。それから自分たちの見せどころとなる内容の能を味わってもらい、最後は観客を「名残惜しいな、もっと見たいな」という気持ちにさせてすっと終わらせる、という流れです。

**場が一本調子になってしまわないよう、メリハリを意識しなさい**ということです。

世阿弥の考える序破急とは、これだけではありません。

たとえば、舞の部分でも、まずは淡々とした静かな舞を見せ（序）、技巧を尽くして軽やかに舞い（破）、やがてテンポを速めて激しい動きを見せる（急）というように変化をつける。

一日の舞台に序破急があり、ひとつの演目、一番の能のなかにも序破急があり、そのなかの一曲の舞にも、謡《うたい》の一句にも序破急がある、**一瞬一瞬のそれぞれのなかにつねに序破急の変化をつけろ、**という考え方なのです。

いわば序破急の入れ子構造といいましょうか、マトリョーシカのように幾重にも序破急を考えるべし、と言っているのです。

## お客さまファースト

これだけではありません。その**ときどきの工夫にも序破急が必要**だと言います。

たとえば、プログラム的にはもう破から急へという展開に進んでいるところに、大事な貴人が遅れて入ってこられたらどうするか。

まだ急のリズムに馴染《なじ》んでいないのだから、その貴人が能の世界観に入りやすくなるように演じ方を微調整し、そこに「ミニ序破急」のリズムをつくるという。

あるいは、宴席に呼ばれ、お客さんはみんなすでにかなりお酒が入っているようなときはどうするか。

控えめに静かな入り方をしても、場の人たちはもう急の感覚になっているから、面白く思ってもらえない。最初から活気よく、速めのテンポでやるのがいい。

こんなふうに、**その場の観客の状態を汲み取り、芸を序破急でコントロールすべし**と言います。

どんな空間に呼ばれても、その場その場で満足してもらうにはどうしたらいいか、いつも考えつづけていた。**世阿弥の姿勢は、徹底したお客さまファースト**です。芸というものは、その日その場に集まっている人との「あいだ」で成り立つものだから、状況に応じて演じ方も変わる。その場に似つかわしい芸のあり方を臨機応変に考えていかなくてはいけない。

そういう**サービス業的な姿勢と、表現者としてより高みを目指そうとする姿勢とが矛盾することなく成立している。**そこが世阿弥のすごさです。

## 日々のコミュニケーションに序破急を

私たちの日常生活は、いろいろな人とのコミュニケーションで成り立っています。仕事にしても、すべてを単独でやりきるようなことはほとんどなく、人と人とのあいだで行われています。そこで、**日常のコミュニケーションにおいて、序破急を心がけてみる**ことで、実践的にメリハリをつける練習ができます。基本的に、

①「序」は始まりにふさわしく、折り目正しくゆるやかに

②「破」は本題なので丁寧に

③「急」は締め、テンポよくサッと終わらせる

この三部形式で考える。

メールでの連絡も、打ち合わせをするときも、序破急を意識します。

まずは折り目正しく挨拶をする。「いつもお世話になっております」とか「先日はどうもありがとうございました」とか、相手に敬意を表したり感謝の念を伝える挨拶をしてから、本題に入る。

そして、最後は急。「では、これこれということで、どうぞよろしくお願いいたします」とまとめる。締めくくりは、さっぱりと切り上げる。「じゃあ、そういうことで、よろしくお願いします」と言ってからがズルズルと長い人は、急の意識が足りないということです。

会議の進行も、プレゼンやスピーチも、接客応対も飲み会も、急を意識して締めくくると、ピリッと引き締まって気持ちよく終わるようになります。

## 序破急と守破離

序破急と似た言葉に「守破離」があります。**守破離をひとことで言えば、熟達のプロセス**です。

何かの技を習い覚えるとき、まずは先人の築いてくれた「型」の踏襲から入ります。師匠の教えを守ってしっかり鍛錬する（守）。正しい型を完全に身につけることができたら、型の壁を破り（破）、既存の枠組みにとらわれる気持ちから離れる（離）。これができると、その技を自在にできるようになったということだ、という考え方です。

世阿弥は、ひとつのことに固執してはいけない、停滞してはいけない、とは言っていますが、守破離とは言っていません。『風姿花伝』や『花鏡』は、世阿弥が流派を継ぐ後継者のために一子相伝の書として著したものですから、簡単に教えを破って離れていかれては困ります。守破離を、家の教えとしては考えていなかったと思います。

ちなみに、世阿弥は**ものごとを三つに絞るという思考の整理術を、かなり意識的に行っています。**

〈序・破・急〉もそうですし、〈花と、面白きと、珍らしきと、これ三つは同じ心なり〉もそうです。

〈初心《しょしん》忘るべからず〉の初心には三つある、とも言っています（113ページ）。

その道の達人になるには、三つの条件（一に素質、二に情熱、三によき師）が揃わなければならないとも言っています。

〈その者になること、三《み》つ揃《そろ》はねば叶《かな》はず。下地《したぢ》の叶《かな》ふべき器量《きりょう》、一。心に好《す》きありて、この道に一行三昧《いちぎょうさんまい》になるべき心、一。また、この道を教《おし》ふべき師、一なり〉

（『花鏡』知二習道一事《しゅどうをしること》）

能の作者として大切なのは何か。その心得について〈まづ、種《しゅ》・作《さく》・書《しょ》、三道《さんどう》より出《い》でたり〉（『能作書』条々）として、種（題材を探す）、作（枠組みをつくる）、書（詞章を書く）ことが基本だと挙げ、これを「三道」と呼んでいます。

私も三色ボールペン活用術をはじめ「三の思考法」をいろいろ推奨していますが、世阿弥は六百年前から三つに絞ることを実践していた。そういうところも、私が心の師と慕いたくなる一面です。

## 4　本気で没入する

**人の心を鷲《わし》づかみにするには、**
**心を入れて物狂うことです。**

〈狂ふ所を花に当てて、心を入れて狂へ〉
（『風姿花伝』物学《ものまね》条々）

## 物狂おしさに人は魅せられる

「物狂い」は能の見どころのひとつです。

**人間の情念がほとばしっているさまに、人はなぜか心《こころ》惹《ひ》きつけられます。**

物《もの》の怪《け》がついて、その人を「常ならざる」状態、何かに取り憑《つ》かれたような状態にしてしまう。その狂乱、狂気のさまを演ずるので、足を強く踏み鳴らしたり、激しい動きをしたり、観客の耳目を惹きます。

物狂いは人気があり、演目の種類も多いので、この分野を得意とすることができるようになったらおのずと芸域も広がり、さまざまな芸を見せられる役者になれる。だから、物狂いを演じるときのコツをしっかり押さえて、稽古に励みなさい、と世阿弥は言っています。

〈思ひゆゑの物狂ひをば、いかにも物思ふ気色《けしき》を本意《ほんい》に当《あ》てて、狂ふ所を花に当てて、心を入れて狂へば、感《かん》も面白き見所《みどころ》も、さだめてあるべし〉（『風姿花伝』物学条々）

深い想いがあるがゆえに物狂いになるわけなので、どうしてそこまで思い詰めるのかということに心をめぐらし、物狂うところを舞台の花となるように心をこめて演じれば、感動も湧き、面白い見せ場とすることができるだろう。

〈心を入れて狂へ〉というのが面白いと思います。狂乱する姿をそれらしく演じてみせればいいのではなく、**心を入れて狂ってみせなさい、**ということ。**熱情をたぎらせて、その世界観に没入する**ことだと捉えてみると、わかりやすいでしょう。

２０１９年の紅白歌合戦で、氷川きよしさんが迫力あるドラゴンに乗って「限界突破×サバイバー」という曲を歌いました。これまでとはまったく違うロックテイストの曲で激しくヘッドバンギングする氷川さんの姿は、まさしく物狂う世界に入り込んだ感じでした。これまでとは違う魅力で、多くの人をグッと惹きつけるものがあったと思います。

## 人生は「喜ばせごっこ」

ネットフリックスのドラマ『全裸監督』で、山田孝之さんが主人公の村西とおるさん役を演じ、大評判になりました。まさに憑依《ひょうい》していると言ってもいいほどの怪演ですが、そもそもモデルとなった村西さん自身が、すさまじい熱量で心を入れて物狂ってきた方です。

「お待たせいたしました。お待たせしすぎたかもしれません」

「ナイスですね」

などの名文句もさることながら、トークもたいへん面白いと思ったら、かつては英語教材などを売りまくっていた伝説の営業マンだったそうです。『禁断の説得術　応酬話法――「ノー」と言わせないテクニック』（祥伝社新書）という著書まであります。それによると、「応酬話法」というのは、お客さんを論破するものではなく、自然なかたちで納得していただくセールストークなのだといいます。

ものを売る営業の仕事とＡＶ監督、一見まったく異なる才覚のように思えますが、相手をその気にさせていく、という点では同じだとか。社会のなかで最強の武器となるのは、上手に説得する論理と情熱だそうです。

村西さんがこんなことを言っているのを耳にしたことがあります。

「商売は自己満足じゃいけませんよ。お客さまを喜ばせないとね。私はお客さまを喜ばせることを自ら楽しんでやってまいりました」

「人生は『喜ばせごっこ』だ、というスタンスが、私のなかにはあるのでございます」

　何かに物狂うように情熱をかけることの意義、答えがこの言葉にあるのではないでしょうか。

　**やるからには、お客さんに喜んでいただかなければいけない。**どうしたら喜ばせられるか。そのことを一途に考えて、情熱を注ぎ込んでいる。**自己満足のためではなく、根本的に他者満足のためにやっている。**そういう人が心を入れて物狂っているさまには、花がある。だから、とても魅力的なのです。

　人には、それぞれいま自分の活躍すべき舞台があります。本当に心を入れているか。結果を出せていない人は、物狂ってみる必要があるのだと思います。

## 5　いま、ウケることをやる

**大事なのは、「いま」「ここ」で求められていることに応えること。**

〈ただ、時に用《もち》ゆるをもて、花と知るべし〉

〈時によりて用《よう》足《た》るものをば善きものとし、用《よう》足《た》らぬを悪《あ》しきものとす〉

（『風姿花伝』別紙口伝）

## ニーズに応えられるのがよいもの

花、花、花と『風姿花伝』で再三にわたって花について語ってきた世阿弥は、「別紙口伝」の最後で花とは何か、ひとつの結論を出しています。

〈この道を究《きわ》め終《おわ》りて見れば、花とて別《べち》にはなきものなり。奥儀《おうぎ》を極《きわ》めて、万《よろず》に珍らしき理《ことわり》をわれと知るならでは、花はあるべからず〉（『風姿花伝』別紙口伝）

**花といっても、演じる側に特別な芸の境地があるわけではないんだよ、**と言うのです。

**能の道を究め、どんなときでも「珍しさ＝新鮮さ」という感動を提供できるようにする、**自分でそれを会得するしかない。

そして締めくくりの言葉が、〈ただ、時に用《もち》ゆるをもて、花と知るべし〉。

〈時に用《もち》ゆる〉とは、そのときに役に立つ、有用であるという意味ですが、私はこれを**「そのときのニーズに応えること」**と捉え、この一文を「大事なのは『いま、ここ』で求められていることに応えること」と意訳してみました。

世阿弥の能の観客には、教養の薫り高いものを好む貴人も、大衆的で面白さがはっきりわかるものが好きな庶民もいました。好みは土地によっても違いますし、演能の場がどういう目的の場であるかでも違う。

何に感動するかは、同じ人でもそのときどきで変わる。人の心に咲く花はそれぞれであって、どんなものが真の花だなどと一概には決められません。

では、能の出来のよしあしというものをどう考えたらいいのか。世阿弥はこう言うのです。

〈時によりて用《よう》足《た》るものをば善きものとし、用《よう》足《た》らぬを悪《あ》しきものとす〉

**そのとき、その場のニーズに応えられるのがよいもの、応えられないのはよくないものとするだけだ、**と。

つまり、そのときの観客の期待に応え、満足させられるのが「よい」ことであり、応えられないのは「よくない」ことと見なせ、というわけです。自分の思いで「これがいいはずだ」と判断するのではなく、相手の思いに焦点を定めよ、ということです。

そのときの観客や演じる場所ごとに、いちばん普遍的な好みに応えるものを選んでやる、それが〈時に用ゆる〉ことなのです。

## 求められていることに応える回路

要するに、世阿弥が言っているのは**「いま、ウケることをやれ」**ということです。何かモーションを起こすとき、この**「いま、ウケること」**というのはとても大事な要素です。一生懸命になるほど、自分の思いが強くなってしまうものですが、ともすると、それがただの自己満足になってしまう、ということがあります。

私は二十代後半から三十代にかけて、五年以上の年月、ずっとひとつの研究にのめり込んでいた時期がありました。

心血を注いだその成果をまとめようと、数年がかりで渾身の一冊をまとめ上げたのですが、読んでくれる人がまったくいない。自分としては、他の誰もやっていない画期的な研究をしたと思っていたのですが、驚くほど売れませんでした。

どんな労作でも、世の中のニーズから乖離《かいり》していたら、知ってすらもらえないということを、イヤというほど痛感しました。費やした膨大な時間と努力がすべて無駄になったとは思っていませんが、そのときやっていたことは結局、自己満足にすぎなかったのです。

私にとって、この手痛い経験は大きな教訓となりました。ですから、世阿弥の〈時によりて用足《ようた》るものをば善きものとし、用足《ようた》らぬを悪《あ》しきものとす〉という考え方は、非常に正しいと思います。〈用足《ようた》らぬ〉ことに、こだわりつづけてはいけないのです。

**仕事とは、誰かのニーズに応えること。それが、成果を出す**ということなのです。

自己満足ではなく、他者を満足させるためにやる。人から求められていることに応えるという回路を開いて、最善を尽くす。

そこで多くの人を喜ばせ、満足させられることができると、「いま、ウケる」ことになるのです。

## ヒットしているものに触れる

いま求められていることは何かという回路を開くためには、世の中で人気のあるもの、流行《はや》っているものに対する感度を研《と》ぎ澄《す》ませておくことも必要です。

　人気がある、ヒットしているというのは、多くの人たちに受け入れられている、たくさんの人のニーズを満たしている、ということです。

**「いま、来ている」のは何か。**人気を集めているものに嗅覚を働かせ、ただ情報として知るだけでなく、自分自身で、体感してみる。ヒットしている音楽を聴き、映画を観て、商品を買って、どんなところが人の心を動かしているのかを考えてみる。

**多くの人がいいと思っているものの魅力を、自分も素直な気持ちで味わってみる。**

やはり大人気になっているものには、人の心を動かす要素があります。そういうことに無関心でいると、何が求められているのかという感覚はいつまでたっても開かれてきません。

**世阿弥流に言えば、時勢に合っているものが花なのです。**

第2章

# 空気を読む

## 1　自己客観視する

**独《ひと》りよがりに陥《おちい》らないために、心の眼をうしろに置くことが肝要だ。**

〈目《め》を前に見て、心を後《うしろ》に置け〉

〈離《り》見《けん》の見《けん》にて見る所は、すなはち見所同心《けんしょどうしん》の見《けん》なり〉

（『花鏡』舞《ぶ》声《しょう》為《い》根《こん》）

## 〈離見〉と〈我見〉と〈離見の見〉という三つの視点

〈離《り》見《けん》の見《けん》〉——世阿弥のものの考え方のなかでも、根幹を担っている概念のひとつだと思います。

独りよがりになってはいけない。おのれの姿が人々にどのように映っているのかという外側からの視点を、自分のなかにしっかりと持っていなくてはいけない、と世阿弥は戒めます。いまの時代、これは舞台に立つ人だけの問題ではなく、社会のなかで自分のあり方を見定めていくうえで、誰もが必要とされる心の技でもあります。

世阿弥は、舞についての話をするなかで、三つの視点について述べています。

ひとつが〈我《が》見《けん》〉。そのとき、その場における自分自身の意識、**当事者としての主観的な視点**のことです。

もうひとつが〈離見〉。**他者としての客観的な視点**です。舞台を見ている観客の視点はこの離見です。

〈離見の見〉は、観客が舞台の上の演者を見ている離見と同じような視点を、演者自身も持つこと。**我見から離れ、自分自身を離見で眺める視点。**

こういう視点を持つことができるようになると、演者として自分の姿を全方位からよく見据えることができる。〈離見の見〉を身につけるべし。観客と同じ心を持つようにしなさい。世阿弥はそう言うのです。

では、どうすれば〈離見の見〉ができるようになるのか。

〈舞に、目前心後《もくぜんしんご》と云ふことあり。「目《め》を前に見て、心を後《うしろ》に置け」となり〉（『花鏡』無声為根）

舞の教えのなかに〈目前心後〉と伝えられているものがあり、「目は前を見ながら、心はうしろに置きなさい」と言っている。その意識を持つことだとあります。

## 「心をうしろに置く」とは？

〈目前心後〉という言葉を通して世阿弥が伝えようとしていたのは何なのか。

まず、美しい芸を見せるという意味での身体的意識のありようがあります。世阿弥がとくに言及しているのが、自分では見ることのできないうしろ姿についてです。

〈後姿を覚えねば、姿の俗《しょく》なる所をわきまへず〉（同）

うしろ姿を感じとれないと、洗練さを欠くような姿になっていても気づけない。

〈五体相応の幽姿《ゆうし》〉、つまり、全身が調和した優美な姿に近づくことができない。

そういう意味で、自分のうしろ姿を感じることができるようにする、という課題がひとつあります。

能楽師の安田登さんは『疲れない体をつくる「和」の身体作法』（祥伝社）で、〈目前心後〉とは「もうひとりの自分がいて、後ろから自分を見ている感覚」と書いています。この本のなかで、安田さんは「後頭部の感覚を目覚めさせる」というメソッドを紹介されています。「意識を後頭部にもっていく」「目が後頭部についている」感じをイメージするというものです。

たしかに、後頭部に意識があると、背筋が伸びて美しい姿勢が保てますし、頭を動かすときも、顔の向きだけ変えるのとは違い、ゆったりと優美な動きになります。

私は、「心をうしろに置く」とは**背中に意識を張れ、**ということでもあると考えています。背中に自分の意識が行き届くようにする。

若いころ、身体論の論文を書くためにさまざまな身体技法の教室に通っていたことがありますが、普段あまり意識していない「背中の感覚をひらく」練習をすると、視野が背後にも広がる感覚を体験しました。

サッカーで巧みなノールックパスを出せる選手は、俯瞰的にピッチの様子をつかむことができています。背中の感覚がひらいているので視野が幅広いのだと思われます。

「心をうしろに置く」ことのひとつの意味は、前を見ることだけにとらわれるのではなく、**後頭部や背中など身のうしろに意識をめぐらすことのすすめ、**という意味合いがあったのではないでしょうか。

## 演出家的な視点を持つ

もうひとつが、精神的なありようとしての意味です。

観客と同じような〈離見〉の視点を自分の裡《うち》に持つには、文字通り自分を客観的に見つめる必要があります。具体的には、**もうひとりの自分が、少し離れた後方から全体を見渡すような意識を持つ。**すなわち、**俯瞰視点を持つ**ということ。

より現代的な言い方をするなら、**メタ認知**と表現してもいいかもしれません。そういうスタンスでその場の自分を冷静に見つめ、コントロールできるように保つ。もっと言うならば、**演出家の視点を持つことだ、**と言ってもいいでしょう。

世阿弥は、観客の目にはどう映っているのかということをつねに考えていました。花形役者としてその日の舞台の出来を気にするだけではなく、演出家という立場からも、場を俯瞰的な眼で捉えていました。

今日、私たちがお手本とする離見の見というものも、演出家的な視点を持つことが望ましいと思います。自分を一プレイヤーとして捉えていると、我見から離れるといっても、どうしても自意識から離れきれないところがあります。

人からよく見られたい、いい評価を得たい——。

演出家の眼になるということは、そういった自分の我欲を引きはがして、全体のなかでものを見、場の空気や流れのなかでその場の成功を考えるということです。ほんとうの自己客観性とは、それができるようになることです。

## 2　余力と余裕の極意を知る

**動きは余力を残して控えめに、その分、意識の量は増やす。**

〈心《こころ》を十分《じゅうぶん》に動《うご》かして身《み》を七分《しちぶ》に動《うご》かせ〉

（『花鏡』動十分心《どうじゅうぶんしん》、動七分身《どうしちぶんしん》）

## 心は全力、動きは七分。桜も七分咲きこそ美しい

普通は、全力を尽くす、全身全霊を注《そそ》ぐことは、望ましい行動規範として考えられていますが、世阿弥は「心を十分にはたらかせ、身体を七分に動かせ」と説きます。

もちろん、手を抜けということではありません。**習い覚えたことをしっかりと稽古して会得したら、心は十分に働かせながらも、実際の動きはほんの少し控えぎみにして演じなさい、**と言っているのです。

舞や大きな動きだけでなく、ちょっとしたしぐさにしても、心の働きよりも身体の動きを惜しみかげんにすることで、面白い風情《ふぜい》を伝えることができる、と世阿弥は言います。

身体を一〇〇パーセント動かしきらず、わずかに余力を残すことが、余裕を生み、美しさを生む、ということかもしれません。

このあたりにも、〈秘《ひ》すれば花なり〉という姿勢がうかがえるような気がします。

桜の花も、満開に咲ききっているよりはむしろ七分咲きくらいのほうが美しいでは

ありませんか。花弁が完全に開いてしまうと、あとはもう散るばかりという感じで少々寂しい。もう少しで満開だというときのほうが、花の咲こうとするエネルギーが感じられ、この先のさらなる美しさにまで思いが広がります。**目に見えているものよりも、見えないものまで想像させられるほうが、より風情がある。**奥が深いわけです。

日本には、心に思っていることをすべて表現し尽くさない、という文化があります。文学におけるその代表格が俳句です。五・七・五のわずか一七音で詩をつくる。俳聖・松尾芭蕉は、「いひおほせて何かある」と言いました。言い尽くしてしまったら、あとに何が残るというのか、想像の余地があってこそ、余情が生まれるのだ、と言うのです。

俳句は「みなまで言うな」「言わぬが花」という美学の世界です。

映画やドラマのなかの役者さんの演技でも、哀しみや怒りの感情を一〇〇パーセント出しきるよりも、胸のうちで堪《こら》えている様子がにじみ出るような演技にグッときたり、ジーンとしたりすることが多いですね。抑えた演技の奥にあるたぎる思いを想像するから、心を揺さぶられるのです。

何でもストレートに伝える時代になっているといわれますが、この「すべてを出しきらない」メンタリティは、いまも日本人の心のなかにしっかりと根づいているのではないでしょうか。

## 本質をつかめると無駄な動きがなくなる

心は全力、動きは七分——この世阿弥の教えを日常的に実践できている人がいます。飲食店の優秀なサービススタッフの人たちです。

熟練したサービスのプロは、動線がシンプルです。無意識にちょこまかと動きまわらず、フロアを見渡せる場所からつねに意識を全体に働かせています。

お客さんが何かを求めていないかと細やかに気を配り、アイコンタクトひとつでサッとそのテーブルに動く。心を十分に動かし、身体はやや控えめに動かしているのがよくわかります。

それに比べると、まだ慣れない新人スタッフの人は、自分のこなすべき仕事に一生懸命で、身体はよく動いているのですが、客席への意識が張りめぐらされていないことが多い。

意識が方々に行き渡っていないので、アイコンタクトどころか「ちょっとお願いします」と手を上げて合図を出しても、なかなか気づかなかったりもします。

これは、ある意味「我見」で動いていて、「離見の見」ができていない状態だといえます。

もっと客席に気を配るようにと注意されているのか、やたらと動きまわって無駄な動きが目立つような人もいます。

心を十分に動かすことができ、やるべきことの本質が見えていると、無駄な動きが削ぎ落とされ、非常にスマートかつ行き届いた接客サービスができるようになるのです。

**動きは余力を残して控えめに、その分、意識の量は増やす**——これがコツです。

## 3　最初のひと声を意識する

# 最高のタイミングは、
# 相手の心がこちらを向いた瞬間である。

〈諸人《しょにん》の心を受けて声を出だす、時節感当《じせつかんとう》なり〉
〈この時節は、ただ見物の人の機《き》にあり〉
（『花鏡』時節当レ感事《じせつかんにあたること》）

## 人を引き込む

コンサートでも演劇でも、開演のベルが鳴り、いそいそと座席について始まりを待つのはワクワクする時間です。

能の場合は、そろそろ開演だというときに笛や鼓の囃《はや》し方のお調べが聞こえてきて、「ああ、いよいよ始まる」という期待が高まります。

やがて揚幕《あげまく》がさっと開き、演者が橋がかりを本舞台のほうへと静かに進んできます。

世阿弥は、観客の期待がいや増すその瞬間を感じ取って最初の声を出せ、と言っています。

〈「すは声を出《い》だすよ」と、諸人《しょにん》一同に待《ま》ち受《う》くるすなはちに声を出だすべし。これ、諸人《しょにん》の心を受けて声を出だす、時節感当《じせつかんとう》なり〉（『花鏡』時節当レ感事）

〈時節感当《じせつかんとう》〉とは、「時節、感に当たる」、タイミングが合う、ということです。

観客の期待の高まりを受けとめ、「まさに、いまがそのときだ」という瞬間に第一声を発する。

**場の空気を察して、直感的に判断することが大事だ**ということです。

〈この時節は、ただ見物の人の機《き》にあり〉(同)

このタイミングは、**演者のやりやすい間合いで決まるのではなくて、観客の気の高まりが熟したときだ、**というわけです。さらには、

〈万人《ばんにん》の見心《けんしん》を、為手《して》ひとりの感情《かんぜい》へ引き入るる際《きわ》なり。当日一日の大事の際《きわ》なり〉(同)

人々の関心を、シテ（主役）の役者ひとりの表現の世界に引き込めるかどうかがかかった瞬間であり、その日一日の舞台においてもっとも大事な瞬間である、と言います。

しかも、なかなか細かいことを注意している。

〈心耳《しんに》を静《しず》むる際《きわ》より、声を出だすべし〉(同)

人々が耳を澄ませ、聴覚に意識を研ぎ澄ませた瞬間に声を出すのがよろしい。

どういうことかと言うと、観客は、まず舞台に出てくる演者の姿を見ようとします。ああ、姿が見えた。すると、今度は「いつ声を出すのか」「どこで謡《うたい》が始まるのか」と耳を澄ませます。**人々の意識が聴覚に傾いたその刹那に、声を出す。**

そもそもシテの役者は面《おもて》をつけていることが多いですから、視界が遮《さえぎ》られていま

す。客席の様子はほぼ見えない。そういうなかで、人々の気の動きを察する感覚を持て、ということを言っているのです。

## 待つ勇気を持つ

スピーチやプレゼンも同じです。

どういう話し方をしたらいいかを研究しようとする人は多いですが、始めるときのタイミングを強く意識している人はあまりいません。

よく「つかみはＯＫ」と言います。トークの最初のネタで心をつかめたらこっちのものだ、という意味ですが、つかみの前に始めるタイミングというものがある。

これは、自分で決めるものではなく、聞き手、相手の気で決まるのです。

『世界一受けたい授業』にスピーチのテーマで出演させていただいたとき、堺正章さんが内田裕也さんのお別れ会「内田裕也ロックンロール葬」での挨拶のことを話してくださいました。

立ち上がって、用意されたマイクの前に立ったけれども、会場がざわついていたので、静まるまでしばらく無言でじっと待ったそうです。

そして会場が静まったところで、ゆっくりと、

「裕也さん、お疲れさまでした……」

と話しはじめたら、みんなが引き込まれるように聞いてくれるのを感じた、と言われていました。

会場の人たちが耳を澄ましてくれる瞬間を待ったわけです。

それがまさに〈時節感当〉というものです。みんなが聞く構えができたところで、ポンと始める。

こういうとき、**待つのは勇気のいる**ことです。普通は、場がちょっとざわついていても話しはじめてしまう。とくに、なかなかざわつきが止《や》まないと、沈黙したままでいるのが耐えられなくなってしまいがちです。

話の内容を磨くことももちろん大事ですが、その前段階、相手の意識がこちらに向くタイミングというものをつかむ。それには場数を踏むことが必要です。

堺さんのように、歌手として、役者として、舞台経験を豊富に積まれている方は、

やはり場の空気に敏感ですし、〈時節感当〉のタイミングをじっと待てるのです。

## 心の耳を静かにする

話し手は、タイミングを冷静に待つ勇気、間に耐える勇気がいります。

そして、聴衆、聞き手の立場になったときには、**心の耳を静かにする**ようなつもりで聞く構えを取る。

場とは両者がいて成り立つもの。**双方の気の合致が、場を盛り上げる**ひとつの条件となります。

自分の頭で考える思考力や、知識を人にうまく伝える表現力を培う「教え合い学習」という教育手法があります。授業中、先生の話をじっと聞いていられないような子どもも、教え合いで自分が説明する側になる体験をすると、聞く構えもできてきます。人が説明しているときに、耳を澄まして「聞く」ことに集中できるようになるのです。話し手も、聞く体勢ができている人たちに向かって話すほうが話しやすい。これも、実際に自分で体験してみるとよくわかります。

## 4　場の空気をつかむ

# みんなの気が乗っているかどうか、兆《きざ》しを読めるようになったら名人の域。

〈よく出《い》で来《く》べき、あしく出で来べき、瑞相《ずいそう》あるべし〉

（『風姿花伝』問答条々）

## お客さんのノリを感じとる

〈よく出《い》で来《く》べき、あしく出で来べき、瑞相《ずいそう》あるべし〉（『風姿花伝』問答条々）

客席の様子を見れば、その日の舞台がうまくいくかどうかはわかる、と世阿弥は言います。

ただし、それにはこの道に熟達しなければいけない、容易にはつかみ得ないものだ、とも言っているのですが。

始めるときは〈時節感当〉が大切だという話をしましたが、いまか、いまかと待ちかねていた観客の関心が高まったまさにここぞというタイミングで演者が一声を発しはじめたとき、その調子に観客が引き込まれて、みんなの心が溶け合うと、その日はうまくいくことが決まったようなものだ、と言います。

〈座敷も時の調《ちょう》子《し》に移りて、万人の心、為《し》手《て》の振舞に和合《わごう》して、しみじみとなれば、何とするも、その日の申楽《さるがく》は、はやよし〉（同）

お客さんの気が乗っているか、いないかで、その場の空気は変わる。

みんなの心がひとつになるような熱気を最初にがっちりとつかめたぞ、という感覚は、肌で感じとるしかないものです。

観客の気のノリ具合を察知できるようになるには、数多く場数を踏み、経験を積んで、実際に場の空気をたくさん体感してみないといけない、ということなのです。

いつもいつもうまくいくわけではない。たとえば、貴人が早く臨席されたら、会場全体がまだ落ち着かない状況であっても、始めないわけにはいきません。能は、貴人の御《ぎょ》意《い》に沿うことが非常に重要なのだから、と世阿弥は言っています。

そういうときは、謡も、足踏みも、所作も、つねよりは力強くやることで人々の注意を引くようにする。

逆に、貴人が遅れて途中から入ってきたようなときは、序破急のリズムに変化を凝《こ》らし、遅れてきた貴人が取り残された感じにならないように注意し、一方で最初から見ている観客たちも冷めないようにする。

その場その場で臨機応変に対応する。それは、**場の空気というものを敏感に感じとれるように訓練しているからこそできる**のです。

よく「空気が読める、読めない」と言いますが、「読める人」と「読めない人」がいるわけではありません。そういう訓練、努力をしているかいないか、だけです。

世阿弥のような天才でも、コツコツとその感覚を磨き上げていったのです。

## 場の空気をグッと引き寄せるワザ

落語では、最初に「まくら」があります。自由な雰囲気で日常的なことを話しながら、聞き手がスムーズにその落語の世界に入り込めるような前振りをするわけです。**落語家は、その日の客層がどういう人たちなのか、どういうことを話すとウケがいいのか、よくないのか、まくらで場の空気を読んでいる**のです。

古今亭志ん生が『なめくじ艦隊　志ん生半生記』（ちくま文庫）で次のように語っています。

「あたしなんか、高座へ上がってお客の様子を見ると、今夜のお客さんは、どういう噺を喜ぶだろうかということが大体わかりますよ」

「はなに何かいって、さぐりを入れてみる。それが落語でいう『まくら』なんですよ。

この『まくら』で、なにを言っても感じないようなのは、こりゃア団体だナとか、はじめて聞く人だナというようなことがわかるから、そういう人に打ってつけの噺をパッともっていく」

私も講演のはじめには、最初に今日の聴衆はどういう層の人たちかを知るために、「どんな話で笑うのか」を確認するような話を二、三投げかけてみます。

反応がよくてドッと笑ってくれる場合もあれば、ほとんど笑いが起きない、無反応という場合もあります。

私は事前に原稿をつくって講演に臨むことはありません。それは、どんな話をするかはその日その場の反応を見て変えるからです。

場の空気というのは、読めただけでは意味がありません。読んで場の雰囲気をつかんだら、その場にいる人たちに向けて**どう対応するのがいいのか、その手立てを変えることができる、ということが重要**なのです。

## 5　視覚と聴覚へアプローチする

**美しく見せるには先《せん》聞《もん》後《ご》見《けん》、まず聞かせ、のちに見せるべきである。**

〈先《ま》づ聞《き》かせて後《のち》に見せよ〉
（『花鏡』先《せん》聞《もん》後《ご》見《けん》）

## 動作より言葉をほんのわずか先に

〈先《ま》づ聞《き》かせて後《のち》に見せよ〉

これはどういうことか。

**謡の文言が先に聞こえ、そこにしぐさが加わるほうが風情があって美しく見える。**

世阿弥は、「泣く」演技を例に挙げて語っています。

まずは謡で「泣く」という言葉を聞かせ、少し遅らせて袖を顔に当てて泣くしぐさをする。こうすると、その泣く演技はしぐさで完結するので美しく決まる。

先に動いて、観客が「泣く」という言葉をはっきりと聞き取れないうちに泣くしぐさをすると、言葉があとに取り残されるので、どことなく落ちつかない風情になってしまうのだ、と。

だから謡の言葉としぐさは、同時であってはいけない、ましてやしぐさのほうが先んじているのはさらにいけない。聞く心と見る心が前後して、ちぐはぐな感じを与えてしまうと戒《いまし》めています。

泣くしぐさのときには袖を顔に当てます。先にそのしぐさをしていたら、はっきり聞いてもらいたい謡の「泣く」という文句が聞き取りにくくなるということも考えられます。言葉を先に出すことにはそういう効果もあります。

観客の立場になって考えれば、まず言葉が耳に入ってくることで、情景をすっと思い描くことができます。「ああ、悲しくて泣かずにいられない気持ちなんだ」と想像できる。そこで泣くしぐさを見るので、情感が伝わってきて一層グッときます。

現代では、視覚情報と聴覚情報が脳に伝わるしくみが違うことがわかっています。聴覚のほうがイマジネーションを喚起しやすいことも、また視覚と聴覚のアプローチを少しずらしたほうが効果的だというのも理解しやすい。

しかし世阿弥は、すでに六百年前にこのことを体得し、言語化することができていたのです。こういうところにも、世阿弥の恐るべき天才性が垣間見《かいまみ》られます。

## これだけで印象がアップする

私たちの日常も、〈先聞後見《せんもんごけん》〉をちょっと意識するだけで印象が変わり、人の心に残りやすくなります。

たとえば、挨拶がそうです。

「どうぞよろしくお願いします」

「ありがとうございました」

なにげなく頭を下げながら、なにげなく口にしていませんか？

姿勢を正して「どうぞよろしく」まで言ったところで、お辞儀をしながら「お願いします」と言う。

「ありがとう」は相手の顔を見て言い、「ございました」でしっかりとお辞儀をする。

これを、「言葉が先で、お辞儀が後なので『語先後礼』」と言うこともあるそうです。就職活動のために、面接で失敗しないマナーを習いに行ってきた学生が教えてくれました。

また、マナーの先生によれば、お辞儀で頭を上げるとき、ゆっくりと上げると美しい所作になる、といいます。これなども、言葉で終わるのではなく、**しぐさで締めると美しい、という世阿弥の教えに通じるものがある**気がします。

## プレゼンもまずは「言葉から」

あらためて周りに注意を向けると、意外とこれが行われていることに気づきます。

テレビのニュースでは、必ず先に音声情報で伝えます。

「〇〇に関しての続報です」と言葉があって映像が流れる。

「次はお天気です」と言ってから、お天気キャスターの人が出てきて予報を伝える。

当たり前のこととして受けとめていますが、その一言が耳から入ってくることで、「おっ、そのニュース、知りたかったんだ」「天気、気になるなあ」と、その情報への意識が促され、見たくなるのです。

プレゼンテーションでも、〈先聞後見〉を意識することで関心を惹きつけやすくできます。

いまは視覚情報が非常に重視される時代ですから、皆さんプレゼンのときにはビジュアル要素をふんだんに入れたスライドを準備して臨みます。

ともすれば、その資料づくりでプレゼンが七割がた終わったような気分になることもあるのではないでしょうか。そして、準備したスライドの説明に終始するようなプレゼンになってしまう人もいます。

スライドを次々と見せながら、つまり先に視覚情報を出しておいてから、

「次のこれはですね、〇〇について調べた結果をまとめたものになります」

と、あとから話す。これだと、人の意識は目に飛び込んでくるものに向かいやすいので、じつは説明があまり入ってきにくいのです。

同じスライドを見せるにしても、

「これとこれを比べてみたところ、こんなに違いがはっきり出ました。その結果がこちらです」

と先に言葉で伝えて関心を引き寄せてから、スライドのデータを見せる。

こうすると、いちばん見てほしいところに意識を向けてもらいやすくなります。

**聴覚からの情報により、想像力が喚起される、そこに視覚情報が入ってくることで説得力が出る。**このメカニズムをしっかり活用してください。

## 6　場の空気、バランスを読む

**すべてのことは、**
**陰《いん》と陽《よう》が混じり合う境地があればうまくいく。**

〈一切《いっさい》は、陰陽の和《か》する所の境《さかい》を成就《じょうじゅ》とは知るべし〉

（『風姿花伝』問答条々）

## 陰陽、和する境を探せ

一切のことは、陰と陽とが和合する境に成功の秘訣がある——これは古代中国に発する陰陽思想のものの捉え方です。幅広い教養を身につけていた世阿弥は、芸道のありようを追究するなかで、この陰陽という考え方も取り入れていました。

陰陽思想とは、世の中のあらゆるものはすべて「陽」の要素と「陰」の要素とで成り立っている、という考え方です。たとえば、太陽は陽で月は陰、昼は陽で夜は陰、男は陽で女は陰という具合に、相反する性質を持つものを陰と陽に二分化して捉えます。ただし、陰陽は固定的なものではありません。

陰陽思想の特長は、どちらがよい、悪いというのではなく、**反対の性質のものがあるからこそ成り立つ、**とするところにあります。そして、互いが混じり合うところに調和がある、ものごとが成功するかどうかの秘訣も、両者の〈和《か》する所の境《さかい》〉にあるというわけです。

この陰陽合一のイメージをわかりやすく示しているのが「太極図」と呼ばれている

図です。上の図は、白い部分が陽、黒い部分が陰をあらわしており、陽のなかに陰があり、陰のなかに陽がある。一方の勢いが強く見えても、完全にどちらかだけになることはない、ということを意味しています。

世阿弥は、能を披露する場の雰囲気にも陰陽があるとしています。

昼は、場が明るく陽の気になっているので、しっとりと陰の気を漂《ただよ》わせるような舞台を見せる工夫をする。逆に夜は、暗くて場が陰の気に満ちているので、陽の気の強いやり方で観客の心が浮き立ち、華やぐようにやる。

また、昼であっても観客の気が滅入っているようであれば陰の空気になっているので、湿っぽくならないように心がけて演じる、とも言っています。

**場や観客の雰囲気が陰のときには陽の演能を見せ、陽のときには陰の演能を見せる。**

場に流れているその日そのときの空気感を察して**反対の気を取り合わせ、観客の心に調和がもたらされるようにすると**、楽しんでもらえて成功につながるというのです。

## オネエ言葉と毒舌に学ぶ

芸能界では、オネエ系タレントといわれる方たちが多く活躍されていますが、人気の理由は陰陽のバランスのよさが関係しているように私は感じています。

男性性と女性性とが和する境を立ち位置としている。歯に衣《きぬ》着せぬストレートな物言いで辛辣《しんらつ》なことを言っても、オネエ言葉だときつすぎないのでしょうね。バランスがいいのです。

その塩梅《あんばい》がちょっと偏《かたよ》りすぎると、むしろ違和感を持たれてしまうおそれがあります。陰陽の和する境を上手につかめる人が人気者になっていく。

**陰陽の混じり合いは、バランスが大事**です。

有吉弘行さんは毒舌キャラで知られていますが、見ていると、毒を吐いたあとに必ず笑っています。あるいは、自虐的なことを言って、相手だけでなく自分も下げている。だから、毒舌が一方的な上から目線のように見えないのです。ご本人がそう意識してやっておられるかどうかはわかりませんが、陰陽の和するところを考えているといえるかもしれません。

私たちも、**日常、スピーチやプレゼンなどのとき、場の空気やそこに集っている人たちの雰囲気を陰陽でとらえて、その和する境を意識すべき**です。

場が、重苦しい緊張感で支配されていると感じたら、軽やかにリラックスさせる。湿っぽい空気が流れていたら、カラリとした話をする。そういう工夫をする。

結婚式のスピーチで、よく友人が新郎の失敗エピソードなどを話すことがあります。月並みなお祝いの言葉だけではつまらない、場を和ませる話をしたいという気持ちはわかりますが、匙《さじ》加減を間違えると場の空気を一気に冷やしてしまいます。

ちょっと笑える話をしたり、しんみりする話をしたりするのは、陰陽を考えると効果的です。とはいえ、それはあくまでも祝辞のなかに忍ばせる陰の小ネタ。最後は晴れやかな話に持っていかないといけません。

日ごろから場の空気を読み取ることの苦手な人が、人気のある芸人さんの毒舌キャラを真似しても失敗しやすいように、陰陽の和する境をつかむには繊細なバランス感覚が必要です。

# 第3章

# 上達を極める

## １　思い込みにとらわれない

**厳しくたゆみなく、**
**くれぐれも慢心のないように。**

〈稽古は強かれ、諍識《じょうしき》はなかれとなり〉

（『風姿花伝』序）

## 虚心坦懐であれ

〈稽古は強かれ、諍識《じょうしき》はなかれとなり〉

世阿弥の言葉はキレがよく、現代の私たちの心にもそのまま響くものがたくさんありますが、この言葉はまさに座右の銘として心に刻んでおきたい箴言《しんげん》です。『風姿花伝』の序文に書かれているもので、**ひとつの道を究めようとする際の基本的な心得と**言えます。

「稽古」には、練習を積んで技能を高めるという意味と共に、先人の教えを学び研究する、という意味合いもあります。〈稽古は強かれ〉は歯切れのいい簡潔なフレーズですが、そこには、実技の修養も知識の集積やその研究もすべて修業だ、怠《おこた》らず、自分に厳しく情熱を注げ、といったことがギュッと凝縮されている。

「諍識」とは、もともとは禅の言葉です。慢心、傲慢、頑《かたく》なな心などを意味します。〈諍識はなかれとなり〉は、慢心してはいけない、頑固になってはいけない、という心の持ちようだと私は解釈しています。

早く上達したいと一途になると、自分のなかで思い入れが高まりすぎて、あらぬ方向にどんどん突き進んでしまうことがあります。ただ一生懸命やればいいというものではなく、**的外れな稽古、間違ったやり方を続けていては、上達は難しい。**

方向違いの努力になってしまわないようにするには、頑な心、勝手な思い込みにとらわれることなく、人の意見を聞く耳を持つように心がけなければいけません。

世阿弥は〈能には果《は》てあるべからず〉とも言っています。一芸を究めるには、どこまでも精進を続けていかなければならない、ということです。

成長していきたい、自分の腕を磨きたい、可能性をどんどん伸ばしていきたいのであれば、虚心坦懐であることが重要なのです。

## 下手にも学ぶところがある

傲慢さ、慢心といったものも、思い込みや頑固さから生じます。

上手な人にも欠点はあり、下手な人にも何かしらいいところがあるものです。

ところが、なまじ上手な人は、日ごろから褒められ慣れていることで自分は達者だと思い込みやすく、すなわち慢心が生じやすく、達者ななかにもよくないところがあるということに気づきにくい。

自分に比べてたいしたことないと思っていた役者でも、いい芸を見せることがあったら、そのいいところを見習うべきなのに、「あんなやつの真似などするものか」という意識が働いてしまう。

あるいは、人の芸のよくないところを見て、「自分ならあんなヘマはしないのに」などと思う。

こういった姿勢を、世阿弥は〈究めぬ心〉だと諫《いさ》めています。

〈上手は下手の手本、下手は上手の手本なりと、工夫すべし〉（『風姿花伝』問答条々）

下手な人は下手ななかにも、学ぶところがある。

**何かを見て、「学ぶべきものがある」と思える。**そういう姿勢で真摯《しんし》に学びつづけることが、伸びしろを生むのです。

## ２　肚の声を訊く

# 一生の分かれ目はここだ、と
# 胆力で乗りきれる者は強い。

〈一期《いちご》の境《さかい》ここなり〉
（『風姿花伝』年《ねん》来《らい》稽《けい》古《こ》条々）

## 夢は大きいほうがいい

星の数でレストランを評価することで知られる『ミシュランガイド』、その本場フランス版で、日本人シェフが初めて三ツ星を獲得したことが話題になりました。パリでフランス料理のレストランを経営している小林圭さんです。

高校一年生のころ、テレビでフランス料理の第一人者のドキュメンタリー番組を見て、料理人を志すようになったといいます。

当時から、夢は「世界一のレストランをつくる」こと。日本で数年修業したのち、フランスに渡って著名な料理人のもとで腕を磨き、やがて独立して自分の店をオープンさせます。

食の都といわれるパリで、フランス料理という舞台で、東洋人が名を上げることがいかに難しいか。世界一になるんだ、という志が駆動力になっているのだと思います。

夢や目標を持つとは、そこにたどりつくためにはどういうルートをたどって、どう歩んでいけばいいかを見据えること、つまり、いまと未来とをつなぐ階段なのです。

やりながら目標をどんどん高くしていくというやり方もありますが、最初から高いところを目指しているほうが、遠くまで見通しが利《き》きます。

**夢は大きいほうがいい。そのほうが人生の可能性は絶対に広がります。**

プロバスケット選手としてＮＢＡで活躍している八村塁《はちむらるい》選手は、小学生のころは野球少年だったそうです。中学で友人に誘われてバスケット部に入ると、めきめきと上達。当時のコーチの「ＮＢＡを目指そう」という言葉に触発されて、中学生時代からＮＢＡ選手になることを意識していたそうです。

高校も、卒業後にアメリカの大学に行ける可能性を考えて決めたといいます。

夢をかなえるためにはどうしたらいいか、早くからしっかり考えていたからこそ、道が拓《ひら》かれやすくなったことは間違いないでしょう。

## 捨てない覚悟を持つ

役者を志す男子にとって、十代後半は茨《いばら》の道です。体格や顔つきの変化もありますが、なんといっても変声期の壁があります。

美少年として評判の高かった世阿弥自身にとっても、悩ましさはひとしおだったと考えられます。

〈まづ、声変《こえかわ》りぬれば、第一の花失《う》せたり〉（『風姿花伝』年来稽古条々）

愛らしかった風情が消えてしまい、自分でもがっかりしたり、恥ずかしかったりして挫《くじ》けてしまいがちな時期ではあるけれども、と世阿弥は言います。

〈心中《しんぢゆう》には願力《がんりき》を起《お》こして、一期《いちご》の境《さかい》ここなりと、生涯にかけて能を捨てぬより外《ほか》は、稽古あるべからず〉（同）

一七、一八歳のときの心得としては、自分の願いを貫くぞという意気込みを持ち、「一生の分かれ目になるのはここだ」と肚《はら》を据え、能を捨てないことを決心するほかない。**ここが踏ん張りどきだ、と肚を据える。挫《くじ》けないぞ、これだけは一生捨てないんだ、という気構えを持つ――**。

これは「**胆力**」のことを言っているのでしょう。意に染まぬことがあっても動じずに、ものごとをやってのけようとする気力のことを、胆力といいます。

胆力はどこから湧くか。それが肚、「臍下丹田《せいかたんでん》」です。

おへそから指三本分ぐらい下、身体の深部に位置するのが丹田です。臍下丹田に気が集中していると、沈着冷静に、ものごとを落ち着いて考えることができます。

肚が据わる、肚を決める、肚をくくる、肚に収める……肚に訊《き》くとは、自分の揺るがぬ土台は何かを自問する、ということでもあります。

**人生において大事な判断をするときは、肚の声を訊く。**

肚で考えると、早計な判断をすることなく、どっしりと本質をとらえることができるのです。

## ここ一番の選択は肚落ちしているかで決める

将来、自分は何をしようか。高校生から大学生の時期にみんな考えます。

〈一期の境ここなり〉というつもりで、肚と相談することです。

自分の思い描いている将来像、夢や志は、肚から生じているものですか？

それならば、困難にぶつかったときにも肚から粘り抜く気力が湧いて、乗り越えていけます。しかし、肚に落ちていないこと、小賢《こざか》しく考えたことはダメです。

専門の道を究めたいと本気で考えているのではなく、「資格を取っておいたら、いざというときに有利かも」と考えているレベルは、肚の声ではありません。肚の声ではない場合、何か予想外のことが起きたときに腰砕けになりやすい。

就職活動のときに「この会社に骨を埋《うず》める覚悟」を持っている人がいまは少なくなっているようですが、「別にこの会社でなくても、他にも道はあるわけだし」と思っている人と、「この会社のボードメンバーになることを目指す」という人とでは、踏ん張る力が違います。

**この道でやっていく、「自分はこれで生きていく」という覚悟のある人は強い**のです。肚の声を訊くというのは、頭の中での計算ではなく、「自分はどう生きたいのか」ということだと私は思っています。

覚悟を定めて、自分の選択によって自分の未来が拓かれていくと考えられると、選択に責任も生まれます。志を持つということは、自分の選択に責任を持って生きていく、ということでもあるのです。

## 3　向学心を持ちつづける

# 芸の種類を知らないと、花も咲かない。

〈花を知らんと思はば、まづ種《たね》を知るべし〉

（『風姿花伝』問答条々）

## 種を知らずして花は咲かせられぬ

ある著名なコピーライターの方は、事務所の採用面接で「あなたが好きなコピーを一〇本挙《あ》げてください」と質問するそうです。

誰でも二、三本なら浮かびます。しかし、一〇本となると、その気で興味を持ち、勉強していないと出てこない。本当に関心を持っている人なら、次から次へと出てきます。

どういうものをよいと思っているかで、その人のセンスがわかる。

これはいい質問だなあと思いました。

自分が花を咲かせたい世界で、どういうものが花の種になっているのかを知らないというのは、論外です。

コツコツと学びの蓄積を増やしていくことを、面倒くさがってはいけません。

〈物数《ものかず》を究むる心、すなはち花の種《たね》なるべし。されば、花を知らんと思はば、まづ種《たね》

を知るべし〉（『風姿花伝』問答条々）

各種の芸、いろいろな演目を学び究める心がけを持とう、それが花を咲かせる種となるのだ。花を知ろうとするならば、まずは花の種を知らなくてはならない。

世阿弥も言っています。

芸の種類をいろいろ知らないことには、花も咲かないということです。

**何かの世界でひとかどのものになりたければ、その分野について学ぶことを怠らないこと**です。

学ぶとは、単に知識のことだけではありません。それを知ろうとする努力、経験も含めて、種になるのです。

作家の山田詠美《えいみ》さんが、「小説を全然読まないのに書けると思うのは、小説が何であるかをわかっていない。世界でいままでに書かれたいい小説、世界の名作文学ぐらいは読んでから書いてほしい」と言っておられたことがあります。

自分は書きたいいんだ、という情熱があればいいというものではないのです。

ジャンルの垣根を超えた作品を多く生み出している作家・クーンツが、『ベストセラー小説の書き方』（ディーン・R・クーンツ著　朝日文庫）で小説の書き方を述べているのですが、その巻末には「読んで読んで読みまくれ」という読書ガイドが付いています。

この何冊を読みなさい。このくらい読んでおいたら、まあまあの小説が書けるようになる、このくらいまで読んでいたら、かなりいいのが書ける、というような趣旨の読書ガイドです。

花を咲かせるためには、やはりそれだけの勉強が必要。これは古今東西変わらぬ教えだということです。

## 4　真似することで表現力を磨く

# その役になりきる工夫を重ねなさい。

〈その物によくなるやうを習ふべし〉

（『花鏡』先《せん》能《のう》其《ご》物《もつ》成《せい》、後《ご》能《のう》其《ご》態《たい》似《じ》）

## 対象になりきって心根に迫れ

能楽の基本には、ものまねがあります。『風姿花伝』物学条々の初めの部分にも、〈およそ、何事をも、残さずよく似《に》せんが本意《ほんい》なり〉（『風姿花伝』物学条々）とあり、演じようとする役柄に似せることを学びなさいと、女、老人、物狂い、鬼などと項目立てて上達のポイントを述べています。『花鏡』では、〈その物によくなるやうを習ふべし〉、つまり、その役によくなりきろうとする工夫をして稽古しなさい、と言っています。女性に扮《ふん》するならば、身体を柔らかく動かし、心持ちも力みを捨ててしなやかにしなければいけない。強く激しい動きのある役ならば、心にたくましい気概を持ち、身体もがっしりと構える必要がある。演じる対象になりきるための工夫を凝らせ、と言います。

現代の演劇メソッドのなかにも「スタニスラフスキー理論」といって、役になりきることを説いているものがあります。

スタニスラフスキーというのはロシア出身の俳優、演出家で、観客を真に感動させる舞台をつくるためには、俳優はただ役を演じるのではなく、その役を生きなければならないという考え方。これが演劇のメソッドとしてシステム化されているのです。

たとえば、ある期間、完全に役になりきって過ごすという役者さんがいます。その人物として生きるために、体重を大幅に増減させて体型から役になりきるとか、ときには歯を抜いてしまうとか。

もっとも有名なのがロバート・デ・ニーロで、いまやその人物になりきろうとすることを「デ・ニーロ・アプローチ」と呼ぶほどです。

そこまで没入することで、その人物の置かれた立場や状況、視点に近づくことができる、つまり「心根」に迫ることができるようになるわけです。

## 心のありようが乗り移ってくる

私も、なりきることが大好きです。

私の場合は、本を読んでその人物の思想やものの考え方を自分のなかに浸透させるために、言い回しや文体のまねをして書いたり話したりします。

きっかけは、大学院生時代に、**好きな思想家のまねをして話すということをやっていたら、その人物のものの考え方がスーッと身体に入ってくる**ことを実感したことです。

フッサールを勉強しているときには、フッサールになったつもりで話す。

ハイデガーを読んでいるときは、ハイデガーのように話す。

メルロ＝ポンティをやっているときは、メルロ＝ポンティになりきって話す。

ドイツ語もフランス語も流暢《りゅうちょう》に話せるほどではなかったので、話すのは日本語でしたが、**彼らのよく用いる語彙を使い、彼らの文脈や表現方法をまねている**と、ただ本を読んで知識として吸収していたときよりも、はるかに理解が進みました。

いまも、大学生に課題を出すときに、「孔子になったつもりで、近況を話してください」とか「ニーチェになったつもりで、エッセイを書いてください」と言ってやってもらいます。孔子やニーチェの本の内容について話したり書いたりするのではなく、自分の身のまわりで起きた出来事などを、あたかも孔子やニーチェのように表現してもらうのです。

ニーチェの『ツァラトゥストラ』を読み、シニカルで自信満々な表現にどっぷり浸《つ》かってエッセンスを吸収すると、それまでニーチェをまったく読んだことのなかった大学生でも、どこかニーチェの心根を汲《く》んだ文章を書くことができます。

「文は人なり」と言いますが、**語彙や言い回しの表現をまねてなりきろうとすると、心根が乗り移ってくる感じになる**のです。

この研鑽《けんさん》をコツコツ積むとどうなるか。

その人物の著作をたくさん読めば読むほど、身体に染みわたってくるので、その人の表現のクセがどんどんつかめるようになる。その人の文体にもっと近づく。その人の考え方自体が、身体に入ってくる。

最初は型のまねから入っていても、その人物と同じような筋肉がつくのです。

村上春樹さんに憧れて、村上春樹ふうの文体で文章を書こうとする人もいます。

さまざまな作家の文体を模倣した『もし文豪たちがカップ焼きそばの作り方を書いたら』（宝島社）という本もありましたが、なりきることは表現力の上達に非常に有効なのです。

## 5　初心で成長を把握する

# 未熟な自分を忘れるな。

〈初心不レ可レ忘《しょしんわするべからず》〉
（『花鏡』奥段《おくのだん》）

## 三つの初心、人生折々に初心あり

〈初心不レ可レ忘《しょしんわするべからず》〉、この言葉が出てくるのは『花鏡』のラスト部分です。『風姿花伝』の奥儀にも〈能に初心を忘れずして〉という表現は見られますが、ここではそのことを説明していません。

〈初心不レ可レ忘〉とはどういうことかを詳しく語っている『花鏡』の当該部分を見てみましょう。

〈当流に、万能一徳《まんのういっとく》の一句あり。
　初心不レ可レ忘《しょしんわするべからず》。
この句、三箇条の口伝《くでん》あり。
是非初心不レ可レ忘《ぜひのしょしんわするべからず》。
時々初心不レ可レ忘《じじのしょしんわするべからず》。
老後初心不レ可レ忘《ろうごのしょしんわするべからず》。
この三、よくよく口伝可レ為《くでんすべし》〉（『花鏡』奥段）

当一座には、あらゆる技芸の根源とされている金言があり、それは〈初心不レ可レ忘〉というものである。具体的には、三つの言葉が口伝として伝えられている。是非の初心忘るべからず。ときどきの初心忘るべからず。老いてのちの初心忘るべからず。この三つだ、というわけです。

## 未熟な時代を忘れるな

是非の初心の〈是非〉とは、ものごとのよしあしの判断、基準のことです。

初めのころ、自分はどれだけ下手だったか、どれほど未熟だったか。そのことを忘れてはいけない。

なぜなら、自分がどれほど上達したか、成長したかということを顧《かえり》みるとき、その判断基準となるのは、最初のころの下手だった自分です。未熟な時代の自分のことを忘れてしまっては、どれだけ上達したかということもわからなくなる。

つまり、**未熟だった自分の姿とは、上達度合いを自覚するための指標、ものさしだ、**と言うのです。

そうやって、いま現在の自分を見つめる心の眼を持て、ということです。
つねにこの気持ちを忘れずにいることは、慢心を諫《いさ》める心がけにもなります。

## ときどきの初心

二番目の、ときどきの初心を忘れるなとは、**それぞれの時期における初心を忘れてはいけない、**ということ。修業の段階ごとに、その時期に経験した新鮮な気持ちや未熟さへの葛藤などを心にとどめておけ、ということでしょう。

たとえば、就職したばかりのころは、右も左もわからず、何をやっても初めてのことばかりです。基本的なことを一から教えてもらわないとできない。

二年、三年とやっているうちに、仕事の基本を覚えるだけでなく、こういうときにはこうしたらいいだろうと自分で考えられるようになる。これは明らかに成長しているわけです。

そうなると、今度は自分が後輩に教える側になる。しかし、どう教えたらいいかとなると、それは初めて経験することです。

部下ができる立場になったら、また初めてのことがある。さらに、異動で職種が変わった、転勤で知らない土地に赴任することになった、あるいは転職した、独立して起業した……状況や立場が変わるたびに、そのときどきに初めてのことに挑戦することになるわけです。

それぞれの時期において、新しくチャレンジするところには、いつも初心がある。

そのことを意識する。

状況や立場が変わると、そのたびに、過去の自分の歩みを捨てて毎回ゼロからリスタートするのかというと、けっしてそうではありませんね。

**過去の自分のやってきたことが蓄積となって、いまの自分の礎《いしずえ》になっています。**

だから、そのときどきに積み重ねてきたものを忘れず、そのうえに立って、自分を更新していくことが肝要になる。

そのときどきの初心を忘れてはいけないとは、こういう意味だと考えるといいかと思います。

## 老いてのちの初心

そのときどきに初心がある、という考え方の先には、老境に入ってもその年齢ならではの初めてがある、「老後の初心」がある、という見識があります。

その年齢で初めてやることには、初めての未熟さがある、つまり、**より高みを目指そうという気持ちがあれば、それは何歳であろうと成長である、**という考え方です。

これは非常に勇気の湧くものの捉え方です。

老いたら衰えるというのではなく、老境だからこその成長がある。

〈命《いのち》には終りあり、能には果《は》てあるべからず〉（『花鏡』奥段）

この言葉はここに登場します。

人の命には限りがあるが、能の修業にはこれで終わりというところがない。これは、人生修業にはこれで終わりというところがない、とも言い換えられるでしょう。

〈初心忘るべからず〉は、始めたときの気持ちを忘れるな、という意味だけではなく、一生を支える言葉なのです。

6　心をグッとつかむ

## 最高の境地とは、
## 巧さ面白さを超えて心に響くことである。

〈無心の感を持つこと、天下の名望《めいぼう》を得る位なり〉
（『花鏡』上手《じょうず》之《の》知レ感《かんをしる》事《こと》）

〈これを、心《しん》より出《い》で来《く》る能とも云ひ、無心の能とも、
または無文《むもん》の能とも申すなり〉
（『花鏡』批判《ひはん》之《の》事《こと》）

## 上手よりも奥深い境地

修業を重ねて、上達する。謡も、舞も、しぐさや動きなども心地よく整っている役者は上手だと言われます。

しかし、声があまりよくなかったり、舞やしぐさの技術がいまひとつだったりしても、世間から評価されることもある。その理由は「心にある」と世阿弥は言います。

〈心にてする能は、さのみの達者になけれども、上手の名を取るなり〉（『花鏡』上手之知レ感事）

技術的にそれほど達者ではなくても、能の真髄を心得ていると、上手な役者だと認めてもらえる、というのです。

**人々が見事だと思うのは、技の熟練度ばかりではない。**

これは、私たちもよく感じることですね。「ヘタウマ」の世界です。デッサン力がないのか、わざと狂わせて描いているのか、絵の技術としては稚拙に感じられるけれども、なぜかグッと心をつかまれる。

歌でもあります。音程やリズムがちょっと外れることがあって、カラオケだったら高得点は望めそうにない、けれども、心に沁《し》みる。技術が十分練磨されて「巧い」と思える人とは違う次元で、味わいを感じる。心に響くものがあるわけです。

この**「心に響く」ということが大事だ、**と言っているのです。

〈初心より連続に習《なら》ひ上《あ》がりては、「よき為手《して》」と云はるるまでなり。これは、はや上手に至る位なり。その上《うえ》に面白き位あれば、はや名人の位《くらい》なり。その上に無心の感を持つこと、天下の名望《めいぼう》を得る位なり〉（同）

最初のころから熱心に修業して技を磨き、どんどん上達して「いい役者だ」と言われるようになる、これは芸達者な人。その上に、「面白いなあ」と思わせられる人がいる、これは名人といえる。

さらにその上に、「無心の感」というものがある。これができる人は、天下の名声を得ることができる。

上手になることも奥の深い修練ですが、さらにその上の芸境というものがある、と言っています。

## 「できすぎ病」というものもある

〈心にてする能〉とはどういうものか。『花鏡』にはそれについて解説している箇所もあります。

成功する能には〈見《けん》・聞《もん》・心《しん》の三あり〉（『花鏡』批判之事）、つまり見て楽しいもの、聞いて面白いもの、心が感動するもの、の三つある。

見て楽しいとは、視覚的に派手で賑やかで、観客がウキウキするもの。

聞いて面白いとは、謡の巧さで聴覚に訴えかけ、しみじみとした感興が湧くもの。

世阿弥はここでなかなかユニークな表現をしています。

見映えのいい能で客席が非常に盛り上がり、演者が何をしてもうまくいく、というようなときは、じつはよろしくないのだと言います。

〈これを能の出来《でき》過ぐる病《やまい》とす〉（同）

「できすぎ病」なのだと世阿弥は言っているのです（参照『演劇人世阿弥』、堂本正樹著）。

観客が面白くて盛り上がりすぎ、観客の心が浮つき、余裕のある目が持てなくなる。演ずるほうも調子に乗ってしまい、じっくりと滋味《じみ》あふれる芸を見せるところで、落ち着いたしっとりした芸ができなくなる。上滑りしてしまうのだという。

だから、こうしたときは、少し抑えて加減する。先に紹介したように、やはり〈陰陽の和《か》する所の境《さかい》〉を考えて塩梅する。

また、聞いて心地いい、しみじみとする舞台というのは、そのままだと湿っぽくなっていってしまうので、少し刺激的な動きをしたりする。偏《かたよ》りすぎないようにするのだそうです。つねにそういうバランスを考えているわけです。

## 作為を感じさせない自然体

では、心で成功する能とはどういうものか。

〈さびさびとしたる内《うち》に、何《なに》とやらん感心のある所あり〉（同）

謡も舞も演技も筋立ても、特別に観客のウケを狙うようなことはせず、なんということのない能なのに、わびさびの味わいがあって、人の心を深く感動させるのだ、と言っています。

〈無上の上手《じょうず》の得《え》たる瑞風《ずいふう》かと覚《おぼ》えたり。これを、心《しん》より出《い》で来《く》る能とも云ひ、無心の能とも、または無文《むもん》の能とも申すなり〉（同）

これは、最高の役者が体得する芸域で「心から出る能」とも「無心の能」「無文の能」ともいうものだ。

**最終的に行きつくべきところは、作為のない自然体のなかでの味わい、**ということのようです。

巧いというのは、よく似せているとか、上手に演じているとか、そこに演者の作為がまだ見えているということ。本当に素晴らしくなると、もはや演技の巧さというようなものも関係ない。ただそこに存在している状態が素晴らしい。

たとえば、小津安二郎監督の映画における笠《りゅう》智《ち》衆《しゅう》さん。

その役をやっているというより、そこにいるだけで自然にその人物になっている。役を演じていることを感じさせないような深い味わい、存在感がありました。演技の上手・下手を超越している。面白いと思って見るというより、しみじみとした趣《おもむき》に引き込まれてしまう。無心の感とは、そういった芸の境地のことではないかと思います。

名人と呼ばれた観世《かんぜ》寿夫《ひさお》さんが『心より心に伝ふる花』（角川ソフィア文庫）のなかでこんなことを書かれています。

〈能の中にしばしば、「居グセ」とよばれる部分がある。演者は黙ってじっと坐り、地謡が主人公について、あるいは主人公に代わって「クセ」というかたちをとって語るのである。舞台中央に正面を向いて、ただ黙って動かずに居るそのかなり長い時間、一体どんな心持で、どう演じようとして坐っているのかと、能の役者は時々訊かれることがある。その問いに、いつか私は答えたことがあった。

――自然に咲いている花みたいに、舞台に居たい――と。

――観客一人一人がさまざまなイメージを育くみ持てる、ひともとの花のように。

その花は生きている。息をしていなければいけない。舞台はその花の物語を語っている。――と。〉

自然に咲いている花のように、そこにいる――。これこそ無心に生きている姿です。

# 第4章

# 競争を生き抜く

# １　同じ土俵で戦わない

## レパートリーを増やし、ライバルに差をつけろ。

〈能数《のうかず》を持ちて、敵人《てきじん》の能に変りたる風体を、違《ちが》へてすべし〉

（『風姿花伝』問答条々）

# 芸の引き出しはたくさん持て

昔もいまも、人は一旗《ひとはた》揚《あ》げたいと思ったら、都《みやこ》に上ります。当時の京には、地方からさまざまな一座がやってきて興行をするようになっていました。

そういうなかで、他流と同じ舞台で競演して勝負を決する「立ち合い」が行われていたわけです。

競争は激しい。負ければ、自ずと消えていくことになります。世阿弥の父・観阿弥も、競争に揉まれるなかで自分の芸に工夫を重ね、頭角を現した人でした。

立ち合いで勝つためにどういう作戦で臨《のぞ》むか。世阿弥がまず言っているのは、できる能の数を増やしておくこと、すなわち**レパートリーを増やしておく**ことです。

〈まづ、能数《のうかず》を持ちて、敵人《てきじん》の能に変りたる風体を、違《ちが》へてすべし〉（『風姿花伝』問答条々）

得意とする能の数をたくさん持ち、相手の演じる能とは趣向の異なることをやりなさい、ということを必勝法の第一に挙げているのです。

相手が華やかで派手な色気のある能をやったなら、こちらは静かでありながら人を惹きつける見せ場のあるものをやる。相手とは趣の異なる能を見せれば、どんなに相手の出来がよくても、むやみに負けることはない、と世阿弥は言います。

**相手と被《かぶ》らないものを演じる。**

そのためには、芸の引き出しを増やしておくことが必要になります。

同じようなタイプの芸だと、先に見たもののほうが印象が鮮烈です。後から見たものは、前の芸と比べられやすい。とくに相手の芸がたいへんよかった場合、「さっきのほうがよかったな」と比較されて評価が下がりがちです。

しかし、違った表現美を見せられれば、「おっ！」という新鮮さが湧きます。

他の人と被らないようにすることは、どんな表現活動においても大事なポイントです。

## 同じ土俵で勝負を仕掛けない

人と被らないようなことをやる。これは、**同じ土俵で勝負するな、**ということです。

就職活動では、よくグループ面接が行われます。就活生が五人ぐらい並んで一緒に面接を受ける。全員に同じ質問が投げかけられます。

「志望動機を訊かせてください」とか、「自己PRをしてください」といった定番的な質問が多いのですが、定番だからこそ答えが被ってしまいやすい。

「思っていたことを前の人に先に言われてしまい、『えっ、どうしよう?』と思ってそこからもうボロボロになってしまいました」

と嘆く学生も多い。

同じことを言っても、面接官の印象に残りにくい。答えをひとつだけしか用意していないと、焦ることになります。

答えを三つから五つぐらい用意しておけば、なんとかなる。そのなかでも、前の人と似たような話ではなく、「趣の異なる答え」をするほうが印象を残すことができます。

**自分がいちばん言いたいことよりも、「この場で、相手の面接官が面白いと思ってくれることは何だろうか」と考えたほうがいい**のです。

五人のグループ面接で、五番目の位置に座ることになったとします。時間はすでに午後遅めです。ということは、面接官はたくさんの面接をしてきて、同じような話をうんざりするほど聞いているのです。

自分のなかでうまく練り上げた「いい話」も、面接官からすれば、もう聞き飽きた答えだと思ったほうがいい。いいことを話そうとすれば、だいたい似てきます。それよりは、自分のなかでは四、五番目のネタくらいに考えていた「異色な話」をするほうがはるかに得策です。

グループ面接が最終面接になることはありません。とりあえず、ここを勝ち抜き、次のステージに進まなくてはいけない。面接官のうんざりしている気持ちを呼び覚まし、「おっ、なんだ、こいつ？」と惹きつけることができなければ次はないのです。

そのために、表現の選択肢を増やしておく。

引き出しの多い人ほど有利になります。

## ブランクもキャリアのうち

同じ土俵で勝負しないというのは、産休・育休を経て仕事に復帰する女性も意識しておくといいかもしれません。

ずっと一線でバリバリ働きつづけてきた人と差をつけられてしまった、このブランクを早く挽回しなくては、と考えてしまうと、それだけで疲れてしまいます。

同じ土俵で勝負しなくていいのです。妊娠・出産・育児という経験をブランクと捉えるのではなく、仕事とは異なるキャリアを積んだ時間と考えてみるといいですね。

働く母親目線だから気づけることもあるでしょうし、効率よく家事をこなすスキルや時間管理術は、仕事のスキルにも活用できるものがあると思います。

子育てで培《つちか》った地域のコミュニケーション、あるいはママ友という情報源や人脈は、仕事だけに集中してきた人には得られないものです。

〈変りたる風体を、違《ちが》へてすべし〉、違うやり方を身につけることができたと考えれば、自分らしく頑張る自信も湧いてくるはずです。

## 2　新たな価値を生み出す

# 自分でつくれば、自在な表現ができる。

〈自作なれば、言葉・振舞《ふるまい》、案《あん》のうちなり〉

（『風姿花伝』問答条々）

## 自分の作品で勝負する

　レパートリーを増やせという箴言に続いて世阿弥が言っているのが、自分で能をつくりなさい、というこの言葉です。

〈作者別《べつ》なれば、いかなる上手も心のままならず。自作なれば、言葉・振舞《ふるまい》、案《あん》のうちなり。されば、能をせんほどの者の、和才《わさい》あらば、申楽《さるがく》を作らんこと、易《やす》かるべし。これ、この道の命《いのち》なり〉（『風姿花伝』問答条々）

　非常に巧い役者でも、他の人の書いた台本では、意図するところを完全につかんで演じることはできない。しかし、自分で書けば、セリフもしぐさもすべて自分の胸中にあることをやるわけだから、思いのままである。能を演じようという者は、和歌などの素養も身につけているはずだから、つくることは難しくない。自分で能をつくることこそ、この道の命なのである。

　世阿弥はこう言って、能を自分で書きなさい、と勧めています。

　能には演出家がいません。シテ（主役）の役者が演出も考えます。自分が作者であれば、誰よりもよくわかっているわけですから、表現したいことをしたいように、思いのままに演技できます。

「ここをこう変えたらもっとよくなるのでは？」と思っても、他の作者のものだと勝手にアレンジしてしまうのははばかられますが、自分の作品なら自在にできます。

極端な話、その場その場でどんどん臨機応変に変えていく即興的なことだって可能です。

自由で面白い芸を見せるには、自作が最強だ、というわけです。

**自分の言葉というのは、表現力の基本になるもの**です。

政治家の国会答弁や記者会見を見聞きしていて、官僚や部下の作成した原稿をそのまま読んでいる人には、説得力を感じませんね。筋の通ったことを言っているかもしれませんが、言葉に力がない。借り物のようなのです。

書くとは、考えをまとめ、伝えたいことを整理する作業です。単語ひとつ選ぶにしても、注意深く考える。どういう意図でその言葉を選んだか、なぜそういう文脈にしたのかは、書いた人にしかわかりません。その考えるプロセスが表現力を磨く。

**自分で考えたことを、自分で言葉にして伝える。**コピー&ペーストが簡単にできてしまう世の中ですが、借り物でしのぐ習慣はやめましょう。言葉は力なり、です。

## 作家・世阿弥が考え出した不朽の「型」

世阿弥は、五〇番以上の能を書いています。

父の観阿弥も進取の気性に富んだ人で、曲舞《くせまい》を取り入れることでそれまでの大和申《やまとさる》楽《がく》から一歩抜きん出た芸域をつくり上げ、高い人気を得ました。そうした能の台本を、自ら創作していたのです。ですから、世阿弥が自分で書くことで自在な世界ができる、と考えたのも自然な経緯と言えます。

その世阿弥が考えついたアイディアは、父以上に画期的なことでした。

ただ新作能を書くということではなく、**能の形式を大きく変えるスタイルを考案するのです。**それが、現在**「複式夢《む》幻《げん》能」**と呼ばれているものです。

構成は前後半の二場に分かれていて、舞台は名所旧跡。旅の僧が登場し、旅先で出会った人に「ここはどういうところですか」と訊き、これこれこういう故事のある土地だと教えてもらいます。これを「名所教え」と言いますが、その土地の逸話が紹介された後、出会った人物が「実は、私はその○○なのです」と言う。

要するに、その亡霊が現れて語っていたのです。

前半はここで終わります。あいだに間《あい》狂言があって、後半へ。

後半は、その亡霊が甦《よみがえ》ったというかたちで、切々とした想いが謡われ、物狂った舞が舞われる。その魂が鎮《しず》められていくさまを、僧が見届けるわけです。

やがて夜が明けます。そこで、すべては僧の夢のなかでのできごとであったことがわかる。

――これが、世阿弥の編み出した夢幻能の展開形式です。

古来、いろいろな物語で「夢落ち」という手法は使われていますが、観客が見ていたのは、僧の見ている夢のなかの世界だった、というのは面白い仕掛けです。

この世のものではない亡霊という存在が登場するのは、そこまで強烈に想いが残っているからで、その怨念がここで解き放たれて昇華する。おどろおどろしいものと美しいものとが共存するひとつの魂の物語を、幻想的ななかにも優美に見せられる。非常によくできた「型」なのです。

旅の僧が見ていなかったら、魂鎮《たましず》めという意味合いが薄くなってしまいますし、そのさまを誰かが見ている、というかたちが成立しません。

しかも、何がすごいかといって、この形式には**世のあらゆる物語を当てはめることができる**ということです。悲劇の主人公が登場する物語ならすべてが夢幻能になり得る。つまり、ネタが尽きない。無尽蔵にある。

展開の型は決まっていますが、内容はどんどん変えていける。人を飽きさせない最強のしくみです。

**世阿弥は、夢幻能という型の発明により、能の世界にまったく新しい価値を生み出すことに成功した**のです。

このスタイルに落とし込むことで、『源氏物語』でも『伊勢物語』でも『平家物語』でも夢幻能にできました。

ただ、この形式があまりにもみごとなため、これを超えるものをつくるのがたいへん難しい。それが、能の抱えるひとつのジレンマでもあります。

## 古きと新しきを交え、心から心へ伝える

自分でつくるといっても、**ゼロから全部オリジナルでつくらなければいけないと考える必要はない**ということが、世阿弥の発明からもわかります。

〈古きに新らしきを交《まじ》ふれば、古きも、また新らしきも、ともに珍らしきなり。これ、真《まこと》の花なるべし〉（『花鏡』知二習道一事《しゅどうをしること》）

古い能に新しい能を交えると、どちらも珍しく感じられる。これも〈真の花〉だろう。世阿弥は、『論語』の温故知新の言葉を引きつつ、こう言っています。

**古きよきもの、時代を超えて人々を感動させているものを土台にすることで、根拠のしっかりしたよい内容のものができる。**

たとえば、司馬遼太郎さんの歴史小説の人気が根強いのは、きちんとした史実の裏づけのうえに、作家としての創造力を加味して、登場人物を人間味のあふれる姿として小説に描き出しているからです。ときにいまの時代の視点が入ってくるからこそ、史実と想像力、古きと新しきの混ざり具合がいい。そのあたりの視点の行《い》き来《き》のバラ

ンスが絶妙なのだと思います。
『風姿花伝』という書名について言及するところで、世阿弥はこんなふうに言います。

〈この芸、その風を継ぐと云へども、自力《じりき》より出《い》づる振舞あれば、語にも及びがたし。その風を得て心より心に伝ふる花なれば、風姿花伝と名付く〉（『風姿花伝』奥儀）

申楽の芸は、先人の残した型を受け継いでいくものであるが、自分のつくり出したものもそこに加わっていくようであれば、言葉にならない喜びだ。芸とは、先人の風体を会得《えとく》して、人の心から心に伝わる「花」であろう。そこで、これを『風姿花伝』と名づけることにした。

古さにしがみつくな、新しさだけを追い求めるな、共によいところがあり、その「あいだ」で新たな道を見つけていくのがいい、そう言っているように私には思えます。

## 3　ライバルからもどんどん学ぶ

# ほかのやり方を否定してはいけない、どんなやり方も面白いものは面白いのだ。

〈他《よそ》の風体を嫌ふなり。これは、嫌ふにはあらず。ただ叶はぬ諍識《じようしき》なり〉
〈風体・形木《かたぎ》は面々各々《めんめんかくかく》なれども、面白き所はいづれにも渉《わた》るべし〉
（『風姿花伝』奥儀）

# 世阿弥のライバル

世阿弥は、父・観阿弥と共に、子ども時代から舞台に立っていました。幼名を鬼夜《おにや》叉《しゃ》といい、見目うるわしいと評判の子役、今日でいえばアイドルだったのです。鬼夜叉が一二歳のとき、将軍・足利義満が父子の能を見る機会がありました。義満はこれをたいへん気に入り、一座を手厚く庇護するようになります。

ことに、義満の鬼夜叉への寵愛ぶりはひとかたならぬものがあり、将軍のご機嫌を取りたいがために、鬼夜叉に贈り物をするという風潮まで起こったといいます。ちなみにこのとき義満は一七歳、将軍といえどもまだ少年でした。

その後、世阿弥は、摂政も務めた貴族の二条良基から藤若《ふじわか》という名を贈られます。藤原氏の「藤」の字を与えられるほど可愛がられていたということです。

観阿弥・世阿弥父子の「我が世の春」状態は、そう長くは続きません。観阿弥が急逝してしまったからです。観阿弥五二歳、世阿弥は二一歳。

将軍の庇護があったといっても、召し抱えられていたわけではないと思いますから、突然、屋台骨を失った一座が窮地に陥《おちい》ったであろうことは想像に難《かた》くありません。まだ会社の経営のことを何も教えてもらっていないうちに先代に逝かれてしまったような状態です。若き後継者の世阿弥は、途方に暮れたことでしょう。競争に勝たねばならないという現実が、観阿弥が健在だったときとは違うかたちで迫ってきたはずです。

当時、いろいろな一座が芸を競い合っていたなかで、世阿弥の最強ライバルだったのが近江《おうみ》猿楽の犬王《いぬおう》でした。犬王は、観阿弥より年若く、世阿弥よりは年長だったと考えられています。

大和申楽は、もともと鬼能などものまねを得意ジャンルとしていたのですが、観阿弥が白拍子《しらびょうし》の舞である曲舞《くせまい》を取り入れ、革新をもたらして人気を博したわけですが、その観阿弥亡き後、いちばんの人気役者と言われるようになったのが犬王でした。犬王は優美で情趣《じょうしゅ》のある芸風で、とくに天女の舞を得意としていたと言われています。

犬王の存在は、世阿弥にとって非常に気になるものだったと思われます。というのは、犬王が世阿弥以上に義満から評価されていたことがわかる記録があるからです。

犬王は、義満の法名・道義の「道」の字を授けられて道阿弥《どうあみ》と呼ばれるようになります。また、義満が後小松天皇を招待して行った大イベントで天覧能を務めたのは、道阿弥の一座でした。

『風姿花伝』には、貴人たちにどう喜んでもらうかということがかなり具体的に記されています。貴人の心をつかめなくなることの逼迫《ひっぱく》感を世阿弥自身がよく感じていたからこそ、後継者に伝え残したかったのでしょう。

## 競争相手に敵対心しか持たないのは狭量

〈一向《ひとむき》の風体ばかりを得て、十体《じってい》に渉《わた》るところを知らで、他《よそ》の風体を嫌ふなり。これは、嫌ふにはあらず。ただ叶はぬ諍識《じょうしき》なり〉(『風姿花伝』奥儀)

一方面の芸ばかりを得意にして、あらゆる芸風にわたって習い究めようとせず、よその芸風を嫌う者がいる。それは、嫌っているのではなく、自分にはできないがゆえの狭量な心でしかない。

〈堪能《かんのう》にて天下の許されを得んほどの者は、いづれの風体《ふうてい》をするとも面白かるべし。

風体・形木《かたぎ》は面々各々《めんめんかくかく》なれども、面白き所はいづれにも渉《わた》るべし〉（同）

優れた役者で都で名人と評されるような人は、どんな芸風の能をやっても面白いはずだ。芸風や表現様式はそれぞれ違っても、面白いと感じるところはいずれも同じだ。

世阿弥は、他流の芸でもよいと思ったものは積極的に取り入れて芸を磨くことを勧めています。レパートリーを広げる話とも関係しますが、芸の幅を広げることを非常に意識しているのです。

こんな話もあります。田楽に一忠《いっちゅう》という名人がいて、この人はできないものがないというくらいさまざまな演目を演じることができた。父・観阿弥は生前、その一忠のことを「自分の芸の師匠だ」と言っていた、と。

**よその一座だからとか、芸の流儀が違うからというのはつまらない意固地さ。そんなことにとらわれずに面白いものを究め、芸の精進に励め、**という教えです。

ライバルに敵愾心《てきがいしん》を持ち、嫉妬して陰口を言うようなひまがあったら、相手のいいところを素直に吸収する努力をしましょう。

**ライバルとは自分を磨く砥石《といし》**だ、と思ったほうがいい。

犬王（道阿弥）が得意とした優美で情趣ある芸風は、教養ある貴人に好まれたといいます。パトロンの気持ちが自分からそちらに移っていく辛《つら》さを、世阿弥は痛切に味わったことで、自分にないものを冷静に考えたのではないでしょうか。

能の歌舞劇化を進め、夢幻能を発案するようになる背景には、そういう心理も働いていたように思います。

さらには、あちらが貴人層にウケる芸なのであれば、自分たちは**貴人も、一般大衆も、どちらも満足させる芸を目指そう、**と考えるようになったとも言えそうです。

不幸にして、周りに自分の砥石となってくれる強力なライバルがいない場合は、自分に火をつけてくれるような重圧を課すという手もあります。

たとえば、バルザックは借金取りに追われて原稿料を前借りしていたので、必死になって書かざるを得なかった。そうやって書いた作品は、傑作ばかりだった。

借金はともかく、身に迫ったプレッシャーが砥石になることもあります。

## 4　花の強さを知る

# いかなる名木であれ、花の咲いていない桜を誰が見たがるだろうか。

〈いかなる名木なりとも、花の咲かぬ時の木をや見ん〉
（『風姿花伝』問答条々）

## 「花」は「上手」に勝つ

まだ駆け出しの若手役者でも、経験豊富で名手と言われている役者に立ち合いで勝つことがある。それこそが**〈時分の花〉の強さ**だ、と世阿弥は言います。

若さ特有の瑞々《みずみず》しい美しさを、世阿弥は〈時分の花〉と呼びました。この「若さ」という花の魅力は強烈で、勝負の場で上手な役者に勝ってしまうことがある。そうすると、「自分は巧いのだ」とうぬぼれてしまいがちだけれども、これは一時的な輝きであるから役者としての実力だと勘違いしてはいけない、と諫めています。

少年時代の舞い姿の愛らしさで将軍の寵愛を受け、たいへんもてはやされた経験があるからこそ、しっかり伝えておきたかった箴言《しんげん》なのかもしれません。

役者として実力のある人でも若い役者に負けてしまう理由を、世阿弥はこう譬《たと》えました。

〈いかなる名木なりとも、花の咲かぬ時の木をや見ん。犬桜《いぬざくら》の一重《ひとえ》なりとも、初花のいろいろと咲けるをや見ん〉（『風姿花伝』問答条々）

名木として名高い桜の木でも、花の咲いていない時期に見に行こうと思う人はいない。つまらない一重桜でも、開花しはじめたらどんな様子だろうかと見に行きたくなる。それと同じ心理で、たとえ一時期の花だというだけでも興味を持つのだ、美しさを愛《め》でたくなるのだ、と言うのです。

これは現代でもよくわかりますね。桜の開花宣言が出る時期になると、私たちはどこか心が浮き立つものがあります。道を歩いていても、つい桜の木を目で探し、見上げたくなる。人が見たくなるものを、咲きはじめの桜の花は持っています。

新進俳優として勢いに乗っている俳優・女優さんたちを見ていると、花がいま咲こうとしているという感じのフレッシュなエネルギーがあふれ出しています。それが〈時分の花〉の魅力なのです。

## 初心を忘れない、停滞しない

〈時分の花〉は〈珍しき花〉です。役者としての技量が上達していくことと、役者としての「花」とは別ものである、と世阿弥は言いきっています。

どんなに芸を磨いていても、花という意識を持ってそのことを研究していないと駄目だ、技量は落ちても花がある人は負けない、というのですから、珍しさを追い求める気持ち、新鮮さを求める気持ちを失ってはいけない、ということでしょう。

つまりは、〈初心〉なのだと私は思います。**是非の初心、ときどきの初心を思い返し、いまの自分にできる珍しさ、新鮮さとは何なのかを考えつづけること。**

そういう気持ちを忘れて、いまの自分の立場に安住していると、若いエネルギッシュな世代にかなわなくなる、ということです。

停滞しないことが花であると心得よ、という言葉もあります。

〈住《じゅう》する所なきを、まづ花と知るべし〉（『風姿花伝』別紙口伝）

見飽きることがないのは強い、とも言っています。

〈何と見るも見弱《みよわ》りのせぬ為手《して》あるべし。これ「強き」なり〉（『風姿花伝』問答条々）

現状に停滞しないで新しい挑戦をつづければ、見飽きることのない役者でいられるわけです。どんな仕事に従事する人にも共通することだと思います。

## 5　時を耐える

# 男時《おどき》あれば女時《めどき》あり、
# 時運に抗《あらが》わず、めぐりくる好機に備えよ。

〈時の間《ま》にも、男時《おどき》・女時《めどき》とてあるべし〉

〈因果《いんが》の花を知ること。極《きわ》めなるべし。一切《いっさい》皆《みな》因果《いんが》なり〉

（『風姿花伝』別紙口伝）

## 何ごとにも運不運の波がある

準備も万全、コンディションも上々、万全を期して臨んだからといって、必ず勝てるわけではないのが勝負というものです。

何ごとにも「時の運」があります。それは能の立ち合いでもある、と世阿弥は言います。

〈時の間《ま》にも、男時《おどき》・女時《めどき》とてあるべし。いかにすれども、能にも、よき時あれば、必《かなら》ず悪《わる》きこともあるべし。これ、力なき因果《いんが》なり〉（『風姿花伝』別紙口伝）

〈男時・女時〉とは、運の流れが自分によいように向いていると感じるときを〈男時〉、流れがあまりよろしくないと感じるときを〈女時〉とする考え方です。上昇運と下降運と言ってもいいかもしれません。

「うまくいくのが男で、うまくいかないのが女というのは差別的発想ではないか」と思う人もいるかもしれませんが、これは陰陽思想に基づいたもの。男女差別の意図はないと思います。

勝負では、必ず一方の形勢がよくなることがあるもので、勝負が長引くときには、男時がこちらとあちらとのあいだを行ったり来たりしている、と世阿弥は言います。

〈両方へ移り変り移り変りて、またわが方《かた》の時分になると思はん時に、頼みたる能をすべし〉（同）

よい波が自分のほうにまわってきたところで、自信のある芸をやれば勝てる、というわけです。

**女時のときは無理にあがくのではなく、むしろ力をセーブして時運がまわってくるのを待ち、男時を迎えたところで勝負に出ろ、**ということ。

**女時とは雌伏《しふく》のとき、男時とは雄飛のとき**と考えるといいと思います。

## 「いま」だけでなく、長いスパンで捉える

向田邦子さんの著書に、『男《お》どき女《め》どき』（新潮文庫）と題された小説・エッセイ集があります。『風姿花伝』の〈時の間にも、男時・女時とてあるべし〉の言葉から取ったものだそうです。

勝負ごとに限らず、人生のさまざまな出来事に対して〈男時・女時〉という発想を持つと、メンタルを整えやすくなるのではないでしょうか。

現代は、時運を待つことができない人が増えているように思います。

いま、いい結果が出ないと嫌気が差してしまう。雌伏するには忍耐力が必要ですが、すぐに結果を得ることに慣れていて、「時を耐える」ということが難しくなっているのです。

〈因果《いんが》の花を知ること。極《きわ》めなるべし。一切《いっさい》皆《みな》因果《いんが》なり〉

私たちは因果という言葉をわりとネガティブなものとして捉えがちですが、世阿弥は「因果の花」という表現を使っています。自然の理であって、美しいものだという見方です。

昨年はみごとに咲き誇った花が、今年はあまり咲かなかったりするのと同じように、人間のやることも、自分の努力や工夫だけではどうにもならないことがあるのだ、と考える。

世阿弥は〈我《が》意《い》執《しゅう》〉という言葉を使っています。自分の意思でどうにかできると思う執着心のことです。うまくいかないときに〈我意執〉にこだわってもいいことはありません。

よくない結果に対して、「一切みな因果、これは自分の力ではどうにもならないことだったのだ」と考えれば、いつまでもそのことをくよくよ考えても仕方ない、と気持ちを切り換えやすくなります。

そして、風向きが変わって自分にツキがまわってくるときのために、力を蓄えるのです。

ただし、稽古や修練という「因」を怠れば、立派な「果」を収められないことも事実です。自分がやるべきことをやりきっていないのに、うまくいかなかった結果をすべて運のせいにしてはいけないというのは当然のことです。

## 6　誰かを幸せにする

広くみんなから愛されるためにやる、
それがわれらの繁栄となり、幸福となる。

〈衆人愛敬《しゅにんあいぎょう》をもて一座建立《こんりゅう》の寿福《じゅふく》とせり〉
（『風姿花伝』奥儀）

## 階級を問わず、みんなから愛されることを目指す

世阿弥を読んでいると、漢語の多用に気づきます。いまで言う四字熟語が多いのです。

〈目前心後《もくぜんしんご》〉〈先聞後見《せんもんごけん》〉〈時節感当《じせつかんとう》〉、紹介してきたなかにもいろいろありました。ここでも、〈衆人愛敬《しゅにんあいぎょう》〉〈一座建立《いちざこんりゅう》〉〈寿福増長《じゅふくぞうちょう》〉と漢語がたくさん出てきます。

世阿弥が漢籍を学んでいてその影響を受けていたこともあるでしょうが、漢語のもつ歯切れのいいリズムと共に、漢字を一目見ただけでイメージを喚起できる、頭に残りやすい、という効果を意識していたのではないかと思います。

〈衆人愛敬〉〈寿福増長〉、この文字を見ただけで、どういう精神を伝えたいのかが明快です。

〈この芸とは、衆人愛敬《しゅにんあいぎょう》をもて一座建立《こんりゅう》の寿福《じゅふく》とせり〉（『風姿花伝』奥儀）

われわれの中楽は、**多くの観客に愛されることを一座の繁栄の基本理念としている、**ということです。

貴人も、一般大衆も、都会でも、田舎でも、あまねく人々から「面白い」と言ってもらえることを目指している。

これは、観阿弥・世阿弥がどのようにして世に出てきたかを考えるとよくわかります。もともと鬼能《おにのう》と物真似を得意としていた大和申楽《やまとさるがく》の芸風を、観阿弥と世阿弥の父子二代でどんどん進化させ、都の貴族や上級武士、将軍にまで好まれるような芸風へと革新させてきたわけです。それが「幽玄」の世界ですね。貴人に受け入れられ支持され、人気を得るようになった。

しかし、芸を披露するのは貴人の前だけではありません。勧進興行で庶民が集まる場もある、地方の祭礼に呼ばれることもある。その場その場でいかに観客の求めることをやるか。

やはり、顧客第一の発想で、みんなを楽しませることが自分たちの使命だ、という精神を伝えたかったのだと思います。

## 「人を喜ばせ、幸せにする」ことをわが喜びとする

この〈衆人愛敬をもて一座建立の寿福とせり〉の前に、こういうくだりがあります。

〈秘義《ひぎ》に云はく、「そもそも芸能とは、諸人の心を和《やわら》げて、上下《じょうげ》の感をなさむこと、寿福増長《じゅふくぞうちょう》の基《もとい》、遐齢延年《かれいえんねん》の法なるべし。究《きわ》め究めては、諸道悉《ことごと》く寿福延長ならん」となり〉（同）

秘義とは、わが家に伝わる秘密の教えとでもいうことでしょう。

そもそも芸能とは、人々の心を和らげ、あらゆる人に同じように感動を与えることである。それが幸福を増す礎《いしずえ》となり、命を延ばす方法でもある。この道を究め尽くすことは、すべて寿福増長を目的としているのである。

〈諸道悉《ことごと》く寿福延長ならん〉、人の営みはすべからく寿福延長のためにある、なかなかしびれるフレーズではありませんか。

**人々の心を和らげ、幸せをもたらし、長生きへと導く。**たしかに、ストレスを癒して、活性酸素の発生を抑えることは、長生きにつながります。寿福とは、経済的なこ

とも含んだ豊かさを示していたようですから、心の安定と共に、経済的な安定の基もそこにある、と。芸能だけでなく、あらゆる仕事は人の心を和らげて、ストレスを減らし、人を長生きに導くことを目的とする、と考えてもいいかもしれません。

私たちも、それぞれ自分のステージで、**「誰かの心を和らげ、誰かの幸せにつなげるためにやっている」という意識で仕事に向き合うといいのではないか**と思うのです。人に喜んでもらうため、幸せになってもらうために、自分にできることは何か、という視点でものを考える。

自己実現を生きる目的にしていると、社会の求めているものと自分たちのやっていることにズレが生じても、気づきにくいわけです。自己実現による満足を目指すのではなく、他者の要求を充《み》たす他者実現をなすことを自分の満足、生きる喜びとして生きる。**自分というものにこだわりすぎずに、人との関係性のなかでどう生きていくか、という考え方をしたほうがいい**と思います。

志とか使命感というのはそういうもので、大きな仕事、本当に世に残る仕事というのは、そういう精神を持った人によって成し遂げられるものだからです。

## 場を上機嫌空間にする

「誰かの心を和らげ、誰かの幸せにつなげる」ために、日常のちょっとした心がけでもできることがあります。

それは、**祝言《しゅうげん》で場を朗らかにする**ことです。

序破急のところで、能ではまず始まりで「おめでたい題材」のものをやる、という話をしたことを思い出してください。

能は、神事の際に神を祝うための祭事として始まったものです。ですから、場を祝う、その場にいる人たちの幸せを祈って、祝言で始めるのがお約束。

〈祝言欠《か》けては叶《かな》ふべからず〉（『風姿花伝』問答条々）

めでたさの要素が欠けては駄目なのです。

この伝統に倣《なら》い、**どんなときも、まずは祝言、寿《ことほ》ぐ言葉で場を明るくして始める。**

祝言で場を温めてから始めるのです。

新型コロナウイルスの影響で、あらゆるところで人が集まることが禁じられました。

心置きなく人が集まり、笑い合えるというのは、非常に喜ばしいこと、幸せなことだと誰もが実感しました。

心配なくその場に集まれたこと、そのことを祝ってから、何かをスタートさせる。

朝礼の場、会議の場、授業も、プレゼンも、すべてみんなが無事にこうして**集まれたことを祝う、祝いの言葉で始めてはいかがでしょう。**

私はＮＨＫ・Ｅテレの『にほんごであそぼ』という番組の総合指導をしていますが、あの番組の会議は、お祝い言葉で始まるのです。

「『にほんごであそぼ』、十年目に突入いたしました。おめでとうございま〜す！」

「これも皆さんのおかげです、ありがとうございま〜す！」

と、みんなで拍手してから会議が始まる。場が一瞬にして上機嫌空間に変わります。

祝いの言葉というものは、結婚式のためだけにあるのではありません。言おうとすれば、いくらでも見つかります。

「〇〇が非常に好調な売れ行きです」

「今日からこのチームのメンバーが増えました」

あるいは、「今日は非常に清々《すがすが》しく気持ちのいいお天気です」でも、「今日は誰々さんのお誕生日です」でもいいわけです。

考えてみれば手紙の前文、書き出しの挨拶とはそういうものでした。

「時下ますますご清祥のこととお慶《よろこ》び申し上げます」

「お元気ですか？　お変わりなくお過ごしのことと存じます」

「〇〇ちゃん、今年ご入学でしたね。おめでとうございます」

すべて、相手がつつがなく幸せであることを言祝《ことほ》ぐものです。

メールやＳＮＳでの連絡が全盛になり、賀詞《がし》を伝え合うことが減っているいま、あらためて相手の〈寿福増長〉を願う。

祝祭的な朗らかで温かい雰囲気で、すべてのことを進める。

これならば、誰でも、今日から、「誰かを喜ばせ、幸せにつなげていく」行動がとれます。

# 第5章

# 人生を生き切る

## 1 「時分の花」を知る

# 若さの輝きは一時の花、勘違いすると真実の花は遠ざかってしまう。

〈時分の花を真《まこと》の花と知る心が、真実《しんじち》の花になほ遠ざかる心なり〉

（『風姿花伝』年来稽古条々）

## 子どものときは自由にのびのびやらせる

『風姿花伝』は、「年来稽古条々」と題された子どもの成長と上達過程の話から始まっています。

〈おほかた七歳をもて初《はじ》めとす〉（『風姿花伝』年来稽古条々）

だいたい七歳から始めるとよい。年は数えですから、いまでいうと六歳、学齢期に当たります。

〈自然《しぜん》とし出《い》だすことに得たる風体《ふうてい》あるべし〉（同）

〈うち任《まか》せて心のままにせさすべし〉（同）

**子ども自身が自然とやりだすことのなかに、得意な要素があるものだ。心のままに好きなようにやらせるのがいい。**

これに続けて、干渉して口うるさく言うと、やる気を失い、嫌気が差してしまう。そうすると、進歩が止まってしまう、と言っています。

子どもだからということもありますが、大人でも何かを始めたばかりのときは同じようなものではないかと思います。

習いはじめに「ここがよくない」「ここができていないよ」とよくないところばかりを指摘されると、やる気が挫《くじ》けてしまいます。子どもでも大人でも、まずはその世界の面白さ、楽しさを味わえることが大事なのです。

一二、一三歳ごろも、おおらかにやらせようという考え方です。子ども時代に細かなことをやらせると、芸が縮こまってしまって先の伸びしろが期待できないと考えていたのでしょう。

〈易《やす》き所を花に当《あ》てて、技《わざ》をば大事にすべし〉（同）

本人のやりやすいところ、得意なところで魅力を発揮できるよう、技の習得をするのがいいという。**得意を伸ばす、自分のストロングポイントを伸ばしていく、**ということです。

## 美少年のフレッシュな魅力

この時期は何をやっても愛らしい、と世阿弥は言います。
〈何《なに》としたるも幽玄《ゆうげん》なり〉（同）
「幽玄」というと、私たちは優美で妖艶な美しさをイメージしますが、少年の瑞々しい美しさも幽玄と表現できるものだったのですね。
一二、一三歳というと、世阿弥（鬼夜叉）が将軍・義満の前で能を見せ、たいそう気に入られた歳《とし》ごろです。
世阿弥が義満に「寵愛」されていたことをどう捉えるかには諸説あります。能をこよなく愛し、能にまつわる著述を多く残している白洲《しらす》正子《まさこ》さんは、若さと美の象徴の極致としての人間愛として捉えたい、と書いています。

古代ギリシアには「パイデラスティア」と呼ばれる少年愛の風潮がありました。

将来が有望視される美しい少年がいると、彼を一人前の男子に育て上げるために、成人男性が手取り足取り密接な教育指導を行う。そこに恋愛関係が成立する、というものでした。単なる性愛目的ではなく、師弟関係のようなかたちで人間性を高めようとする精神性を共有するものだったと言われています。

義満と世阿弥のあいだにあったのも、そういった精神性の共有という面が強かったのではないかと私は思っています。だから、義満は文化・芸術に造詣の深かった二条良基を通じて、世阿弥にさまざまな文化や教養を身につけさせようとしたのでしょう。

大衆芸能者の社会的地位は低く、義満がそういう地位の者を可愛がることに非難もあったのです。

義満は、二条良基を世阿弥の教養指南役とし、世阿弥はさまざまな知識をつけ、一流文化人と交わります。

世阿弥も、能の稽古だけでなく、身分の高い都人《みやこびと》の愛好する文化を一生懸命吸収しようと努力したのだと思います。

それが、のちに世阿弥の芸、能作、数々の能楽論執筆の礎となったのではないでしょうか。勉強は大事だということです。

十代後半は、声変わり、体格の変化など、舞台に立つ人たちにとっては不安定な時期。子どもらしい愛らしさは消え、声にしても所作にしても、いままでのやり方が通用しなくなってしまいます。稽古にも身が入りにくいだろう、と世阿弥も言っています。

だからこそ、**この時期は内面の充実、勉強に集中するのがいい**わけです。

## 〈時分の花〉を本物だと勘違いしてはいけない

二四、二五歳。声も姿もだいたい落ち着きを見せ、人生、大人の部が始まります。子ども時代の愛らしさとはまた違った、フレッシュな青年としての魅力があふれ出るようになります。

いまもそうです、「あの人誰？　カッコいい！」と言われ、注目を集めます。期待の新人があらわれたと、人々がもてはやす。珍しさと勢いで、立ち合いで勝つようなこともある。

そうすると、ますます自信がつくわけですね。「俺って、イケてるんじゃね？」と思うようになる。

これを世阿弥は強く諫めます。

〈主《ぬし》のため仇《あた》なり〉（同）と。

これは**〈時分の花〉の輝き**なのです。**若さゆえの、その時期だからこその輝き。そのことを認識せず、自分には本物の花、一生ものの花があると思い込むことが、当人にとって仇になる、真実の花から遠ざかってしまう。**

〈時分の花を真《まこと》の花と知る心が、真実《しんじち》の花になほ遠ざかる心なり〉（同）

〈時分の花に迷ひて、やがて花の失《う》するをも知らず。初心と申すは、この頃のことなり〉（同）

ところが、その渦中にいる当人は、時分の花に舞い上がって勘違いしてしまい、いずれ失せる花であることに気づけない。〈初心〉とはこの時期のことを言うのだ、と戒めるのです。これが三つの初心のうちの〈是非の初心〉、未熟な時代のことです。

若いときは美しい。しかし、その時代は過ぎ去っていきます。それを自覚して生涯消えることのない花を求めて精進する。それが本物になるということ、そして後悔しない人生を歩むことになるわけです。

〈わが位《くらい》のほどをよくよく心得ぬれば、それほどの花は一期《いちごう》失せず〉（同）

自分の実際の実力をわきまえていれば、花が一気に消えてしまうことはない。世阿弥は言います。身についている実力は、消えてなくなるものではないからです。けれども、実力以上に上手だと思い込むうぬぼれ心は、そもそも持っている実力相応の花を消滅させる。ちやほやされて調子に乗ってはいけない、十分気をつけるように、というアドバイスです。

ときに、**若さは武器になります。**とくに現代社会は、若くして彗星のように登場してきた人をとても持ち上げる風潮があります。

もし自分がそんな状況になったら、「これは時分の花ではないか？」と冷静に見据えてみることが必要です。**〈離見の見〉を持って、自己客観視するの**です。

そして自分の実力を、ちゃんと「技」に変えておく。いつでも使える技術にするのです。身につけた技は、生涯の財産になります。それがあれば、〈時分の花〉が失せても、〈真の花〉を求めて生きることができるのです。

## 2　「勝負どころ」を意識する

# 人生は、三十代までに
# 「真の花」をつかめたかで決まる。

〈上《あが》るは三十四五までの頃、下《さが》るは四十以来なり〉

（『風姿花伝』年来稽古条々）

## 三十代までに技を磨き抜け

〈この頃の能、盛《さか》りの極《きわ》めなり〉（『風姿花伝』年来稽古条々）

三四、三五歳ごろは、芸のうえでの絶頂期を迎える、と世阿弥は言います。

さまざまな心得を会得し、芸も練磨され、世間の評判も得るに違いない。もしこの時期までに世間から認められるようになっていなければ、どれほど上手だったとしても、芸の本質的な魅力〈真の花〉をつかめていないと思わなくてはいけない。

そして、こう畳みかけるのです。

〈上《あが》るは三十四五までの頃、下《さが》るは四十以来なり〉

芸が向上するのは三四、三五歳まで、四〇歳以降は下り坂になると心得よ、と。

この時期までに名声を得られなければ、能を究めたなどとは到底言えない。こののち名声を得ることも難しい。と厳しい言葉が続きます。

要するに、脂の乗りきった時期だからこそ、現状にあぐらをかいてはいけない、と強く戒めているのだと思います。

後悔というのは、文字通り後になって悔やむもの。「どうしてあのころ、もっと真剣にやらなかったのだろう」「あそこでもっと頑張っていたら……」、自分の未熟さに気づくのは、後になってからです。

この歳ごろまでにとことんやりきっておかなければ、その後の役者人生は落ち目になるだろう。**そうならないためには、ここを正念場と心してかかることだ、三十代は人生の勝負どころだという意識で励め、**世阿弥はそう伝えようとしているのだと私は捉えます。

## 鉱脈を掘り当てる感覚

〈この頃は、過ぎし方《かた》をも覚《おぼ》え、また行く先の手立《てだ》てをも覚《さと》る時分なり〉（同）

三十代半ばというのは、過去を振り返り、将来のあり方についていろいろ考える時期でもあります。

十数年何かに取り組んできたことで、それなりのポジションを得て力を発揮できるようになる一方で、自分はどういう人生を生きたいのか、あらためて考えるようになります。いわば、自分にとっての〈真の花〉とは何なのかを自問する。

その**〈真の花〉をつかむ感覚を「鉱脈」と表現したのが、夏目漱石**です。

英文学を学び、教師の職に就き、その後、国費留学生としてイギリスに留学した漱石。傍《はた》から見れば立派な道を歩んでいるように思われますが、ずっと心のなかに煮え切らないものを抱えていた。勉強すれども、英文学の研究が自分の本領だと肚の底から思えなかったのです。

鬱々《うつうつ》とした気分でロンドンの日々を過ごしていた漱石の心に、ふとひとつの考えが浮かびます。日本人である自分が西洋かぶれして、英文学を理想とし、その真似事をすることばかり考える必要がどこにあろうか。自分は自分のやり方で文学に取り組めばいいではないか、と思うにいたるのです。

のちに講演「私の個人主義」（『私の個人主義』〈講談社学術文庫〉所収）で、漱石はこのときの感覚をこう語っています。

〈私は多年の間懊悩した結果ようやく自分の鶴嘴《つるはし》をがちりと鉱脈に掘り当てたような気がしたのです〉

文学に対して、探しつづけていた答えを見つけ出した実感を**〈自分の鶴嘴をがちりと鉱脈に掘り当てた〉**と言い表したのです。

**〈自分の鶴嘴で掘り当てる所まで進んで行かなくってはいけない〉**

〈ああここにおれの進むべき道があった！　ようやく掘り当てた！　こういう感投詞を心の底から叫び出される時、あなたがたは始めて心を安んずる事が出来る〉

漱石は、講演の聴衆である大学生に、こう呼びかけています。

漱石がイギリス留学から帰国したのは三五歳のときです。

小説家として「ホトトギス」に『吾輩《わがはい》は猫である』を発表したのが三八歳のとき。

三八歳で小説家デビューとは、早いか遅いかで言ったら、遅い。しかも漱石は四九歳の若さで早逝していますから、小説家としての人生は十年余りでした。

しかし、近代日本を代表する小説家、日本を代表する文豪になりました。三十代後半で〈自分の鶴嘴をがちりと鉱脈に掘り当て〉たことで、漱石は〈真の花〉を咲かせることができたわけです。

## 自分のそれまでの蓄積を花の種に

〈真の花〉を咲かせるには、技術的な研鑽を積み重ねて自分の技を磨き込む努力ももちろん必要です。

同時に、自分はどうありたいのか、どう生きたいのかということにもしっかり向き合う姿勢も必要だと思います。「この道で行く」という覚悟を決めて歩んでいても、十数年やってくるなかで見えてくるものがあります。

人生のピークは人それぞれです。早咲きの人も、遅咲きの人もいる。

三十代で〈真の花〉をつかんだぞ、と言える人はむしろ少ないでしょう。いまはまだ結果を出せていないとしても、くさらず、あきらめずに、自分の鉱脈を掘り当てる努力をしつづけることが大切なのです。

実は私も、漱石の言葉に勇気づけられて黙々と鉱脈を掘りつづけたひとりです。

私が明治大学に職を得たのは、三十代前半でした。ようやく生活の不安からは逃れられましたが、本の出版の仕事が波に乗るようになったのは、四〇歳を過ぎて『声に出して読みたい日本語』が世に受け入れられるようになってからです。

三十代後半以降というのは、**それまで自分が蓄積してきた知識や技術を、どうしたら〈真の花〉というかたちで咲かせることができるか、それを具体的に考えて実践する時期**と言えるかもしれません。

組織のなかで上を目指すのも、独立・起業して新たな道に進むのも、あるいは違う業種・職種に転職するのも、要は三十代までに獲得したものをどうその後に活かせるか、ということでしょう。

余談ですが、明治時代は、謡や仕舞をたしなむことがエリート層のあいだで広く行き渡っており、夏目漱石も謡を習っていました。『吾輩は猫である』のなかには、苦《く》紗弥《しゃみ》先生がトイレで下手な謡をうなると、猫が皮肉を言う場面も登場します。漱石と世阿弥は無関係ではないのです。

## 3　寄る年波に向き合う

**歳と共に花は失われてゆく。**
**我が身の変化を受け入れることができているか。**

〈身の花も、他目《よそめ》の花も、失《う》するなり〉
〈我が身を知る心、得たる人の心なるべし〉
（『風姿花伝』年来稽古条々）

## 老いること、花の失せることへの不安

寄る年波《としなみ》――いつごろから感じはじめるかは人によって違うでしょうが、誰もがある年齢以降になると、加齢に対する不安を抱くようになります。

とくに現代はそれが顕著です。幅広い世代にわたって「若さ信仰」があります。若く見られる自分でいたい、老け込みたくない。三十代でも、六十代でも、八十代でも、実年齢より「若く見える」と言われるのはうれしい。どうしたら少しでも若々しくいられるかのために、さまざまな労力を費やしています。

若さを失っていくことが怖いのは、生のエネルギーが衰えていくことへの不安です。それはそのまま、社会的な立場、居場所を失うのではないかという不安でもあるわけです。

これは、世阿弥の時代も同じでした。加齢は、役者として「花の失せていく不安」でもありました。

『風姿花伝』で世阿弥は、四四、四五歳ごろから芸のあり方を変えていかなくてはい

けない、と言っています。能のレベルが下がらないような名人であっても、歳を重ねれば、花が失せてしまう。

〈身の花も、他目《よそめ》の花も、失《う》するなり〉（『風姿花伝』年来稽古条々）

**姿の美しさも失せ、観客も花を感じなくなってくる、**と言うのです。

容姿のよい役者でも、面をつけずに演じる能などは、歳をとってからは見せられないとも言っています。

では、どのように芸を変えていくのか。

あまりいろいろなことをやろうとせず、歳相応の内容のもので、自分が得意とすることを無理なくやるのがいい。自分の出番は控えめにして、脇役の者に花を持たせるようにするのがよいだろう、とも言っています。

シテは主役、舞台の担い手です。しかし、シテである自分が中心になってすべて進めるのではなく、むしろ現代で言うワキやツレの役者に花を持たせるようにすることを説いているのです。

## 自分のいまを受け入れる

世阿弥は、自分のことを知る心がけが大切だ、と言っています。

〈我が身を知る心、得たる人の心なるべし〉（同）

自分のことをしっかりわかっていることが、奥義を悟った人だと言うのです。

**自分の変化、若いころとは違ってきているという現実を、リアルに受け入れられないと、自分は控えめにして、脇役に花を持たせることはできません。**

年齢的な変化に対する焦りがあると、「いや、自分はまだまだできる」と無理して頑張ろうとしたり、若作りしようとしたりしてしまうものです。

現代のアンチエイジングにしても、若くありたいという気持ちが強すぎるあまり、ちょっと無理をしすぎて痛々しく見えてしまうような人がたまにいます。

若々しくエネルギッシュでありつづけたいと考えて、努力や工夫をすること自体は悪くないことだと思います。ただし、自分の現状をきちんと受けとめることができないまま、「まだいける」「まだいける」と思い込むのは、あまりいい歳のとり方ではありません。

現状認識ができない人は、周りや社会にも迷惑をかけてしまうようになります。

高齢ドライバーが運転中に事故を引き起こすニュースがときどき報じられますが、原因は、実際の運転能力と自己認識とのズレにあります。自分は判断能力も身体能力も衰えていない、安全運転ができる、と思い込んでいる。通り慣れている道だから大丈夫だと自分を過信しています。自分の現状を受け入れることができないから、事故を起こしてしまうのです。

自分の衰えを正しく認識できることこそが、人としての成熟なのではないでしょうか。

## 誇りをもって脇に譲る

個性派女優としてさまざまなドラマや映画で印象深い演技を見せてくれた樹木希林さんが、二〇一八年に亡くなりました。翌年三月の日本アカデミー賞で、樹木さんに最優秀助演女優賞が授与されることになり、娘さんの内田也哉子さんが代理としてスピーチに立ちました。

そのときに、「母がよく言っていた言葉です」と紹介されていたのが、

**「時が来たら、誇りをもって脇にどけ」**

という言葉でした。

いかにも樹木さんらしく、スパッと潔い。

いつまでも主役で頑張りたいという気持ちは、心の張りになります。しかし、誰かが粘っているということは、次代になかなかバトンが受け継がれていかないということでもあります。

**自分自身で心の線引きをし、誇りをもって、次の世代に場を譲る。**それができる人が〈我が身を知る心、得たる人の心〉でしょう。

会社組織で働いている人の場合、ある年齢になると、役職定年、出向、配置転換といった待遇の変化を余儀なくされることが増えます。給与もガクッと下がる。自分という人間に何らかの落ち度があったわけではなく、ただ年齢という切り口で扱いが変わることに対し、プライドが傷つき、モチベーションが著しく下がると思います。

ただ、それは「あなた個人」の問題ではなく、「制度」の問題です。個人の能力・資質とは関係ない、組織のしくみ上の問題なのです。

年金破綻の問題もあり、雇用の延長を進めなければならないという社会の要請があるなか、しかし年齢のいった人がいつまでも組織上部の地位に居つづけたのでは、下がつかえてしまう。組織の代謝、人材の活性化ができなくなります。ですから、一定のルール設定をしなければ、会社が回っていかない。

そういう組織のしくみであって、個人の能力を差別化するものではない、と受けとめる。しくみのなかで、自分はどういう生き方を選ぶのか、誇り高く考える。

そのうえで出した結論ならば、待遇・条件が下がろうとも組織に残ろうと考えるのも、自分はもうこの組織から離れて生きていこうと考えるのも、「誇りをもって脇にどく」ことなのではないでしょうか。

誇りとは、周りからどう見えるかではなく、自分の生き方の姿勢を貫けているかどうか、ということだと思います。

## 4　経験に頼りすぎない

# 過去の功績にしがみつかないこと。

〈心にも覚えず、よき劫《こう》の住《じゅう》して、悪《わる》き劫《こう》になる所を用心すべし〉

（『花鏡』劫《こう》之《の》入用心《いるようじん》之《の》事《こと》）

## 成功体験が足を引っぱる？

ベテランには、若手にはない「豊富な経験値」という武器があります。しかし、経験というものにも気をつけなければならない、と世阿弥は警鐘を鳴らしています。

その言葉がこれです。

〈心にも覚えず、よき劫《こう》の住《じゅう》して、悪《わる》き劫《こう》になる所を用心すべし〉（『花鏡』劫之入用心之事）

〈劫〉というのは、もとは仏教用語で非常に長いタームの時間をあらわすものですが、世阿弥は、長年の経験の蓄積や年功という意味で用いています。

**よい経験の積み重ねも、そこに安住してしまうと、気づかぬうちに悪しき蓄積に変わってしまう**ことがある。くれぐれも用心しなければいけない。

過去の成功経験にこだわり、同じやり方にとどまろうとすることを〈住劫《じゅうこう》〉と呼んで、芸が停滞して進歩がなくなる、と戒めています。

そもそも「よい経験」というものは、悪いところが少しずつなくなっていくことでよい結果が出るものであって、「よい経験」という特別なものが累積していくわけではない。そこを誤解してはいけない、と言うのです。

## 過去の栄光にとらわれている人は古くさい

うまくいったこと、高く評価されたこと、過去の成功例のことはよく覚えているものです。「また、あのときのような結果を得たい」、誰でもそう考えます。できれば、うまくいったときのことを「成功の法則」としてパターン化したいという気持ちになります。

しかし、その甘美な記憶に酔い、過去のやり方に固執すると、よくない影響が出てしまう。成功体験へのこだわりは道を誤らせてしまいやすいのです。

ときどき、自分のかつての業績自慢をしながら、そのやり方を押しつけてくるような上司がいませんか。

「こんなことやっているからダメなんだよ。俺があのプロジェクトを成功させたときは、こうだった……」

と長口舌《ちょうこうぜつ》が始まる。

しかし、時代状況も違う、マーケットも違う、セールスの仕方も違うわけで、なんの参考にもならないのに、自分の成功例こそが正解と思い込んでいる。こんな上司に決定権があったらたまりませんね。

これがまさしく〈住劫〉です。

**成功体験がいかにそのとき素晴らしいものであったとしても、すべて過去のものです。いつまでもそこにこだわりつづけているのは、進歩がない。**

〈よきほどの上手も、年寄《よ》れば古体《こてい》になるとは、この劫なり〉（同）

名人と呼ばれるような役者でも、歳をとると古くさく感じられるのは、かつて得意だった芸を同じようにやれば大丈夫だと思っていて、芸が停滞しているからだと言っています。

「自分はこれで評判を取ったんだ」という昔のいい思い出が頭から離れなくて、現実が見えていない。もはや歓迎されなくなっていることに気づかないのです。

結局、**昔の成功にとらわれている人は、自分の姿を客観的に見つめる〈離見の見〉**

**ができていない**のです。

## 柔らかな心を忘れない

歳をとるから古くさくなるのではないのです。**過去にしがみついてしまう精神、その頑なさが古くささの原因**です。

〈柔《やわら》かなる心を忘るべからず〉（『風姿花伝』別紙口伝）

〈あらゆることに住《じゅう》せぬ理《ことわり》なり〉（同）

柔らかな心を持つこと、停滞しないことを、世阿弥は折に触れて説いています。

柔軟な心、あらゆることに頑固にならない心を持つ。

〈住《じゅう》する所なきを、まず花と知るべし〉（同）

停滞しないのが花であると心得よ、という言葉もあります。停滞しないということは、珍しさを生むことができるからです。

それは柔らかな心がなくてはできません。

**何事にも、柔らかく反応し、その都度、求められるものに応じようとする姿勢を失**

わない。

人から何か言われたときに受け入れられないとか、何か想定外のことが起きたときに対応を変えられないというのは、硬い心です。

四十代、五十代からの成熟度は、柔軟さと柔和さとセットではないかと思います。トラブルがあっても動揺しない。臨機応変に対応し、かつ柔和な穏やかさを失わない。そういう人格を目指す。それが大人としての成熟、人としての奥行きの深さ。それこそ、現実社会での幽玄の姿ではないかと思います。

固着した姿勢は、あなたを老けさせると認識しましょう。

## 5　老いることの意味を知る

**老木になっても残る花、**
**これこそ真の花というべきものだ。**

〈まことに得たりし花なるが故に、能は枝葉も少《すく》なく、
老木《おいき》になるまで花は散らで残りしなり〉
（『風姿花伝』年来稽古条々）

## 老骨に残りし花の証拠

『風姿花伝』「年来稽古条々」の締めくくり「五十有余」の段には、父・観阿弥が亡くなる直前に見せた舞のことが記されています。名文なので、全文を紹介しておきましょう。

〈五十有余

この頃よりは、おほかた、せぬならでは手立《てだ》てあるまじ。「麒麟《きりん》も老いては駑馬《どば》に劣る」と申すことあり。さりながら、まことに得たらん能者《のうじゃ》ならば、者数《ものかず》は皆々《みなみな》失《う》せて、善悪《ぜんあく》見所《みどころ》は少《すく》なしとも、花は残るべし。

亡父にて候《そうら》ひし者は、五十二と申しし五月十九日に死去せしが、その月の四日の日、駿河《するが》の国、浅間《せんげん》の御前《おまえ》にて法楽《ほうらく》仕《つかまつ》り、その日の申楽《さるがく》、ことに花やかにて、見物の上下《じょうげ》、一同に褒美《ほうび》せしなり。およそその頃、物数をばはや初心に譲《ゆず》りて、安《やす》き所を少《すく》な少《すく》なと色《いろ》へてせしかども、花はいや増《ま》しに見えしなり。これ、まことに得たりし花なるが故に、能は枝葉も少《すく》なく、老木《おいき》になるまで花は散らで残りしなり。これ、眼《ま》のあたり老骨《ろうこつ》に残りし花の証拠《しょうこ》なり〉（『風姿花伝』年来稽古条々）

五〇歳を過ぎてからは、もう無用なことはしない、という方法がよいだろう。一日に千里も走る駿馬も年老いれば駑馬に劣る、という諺《ことわざ》の通りだ。しかし、真実の芸道を得た役者であれば、できる能の数も少なく、見せ場が減ってしまっても、花は残るのである。

父・観阿弥は五二歳の年、五月十九日に死去したが、その月の四日、駿河の浅間神社で奉納の能の舞台に立った。その日の能はまことに華やかで、身分の高い人も大衆も、観客はみなたいへん賞賛した。そのころには、いろいろな見せ場はみな若手に譲り、やりやすい芸をそっと控えめに演じるというかたちだったが、花はむしろ増したようであった。真の芸の心得に達していた結果の花だったのであろう。衰えて枝葉も少なくなった老木にも、花は確かに残ったのだ。老骨の身にも花が散らずに咲いていた証拠を、そのとき目《ま》の当たりにしたのである。

情景を想像しながら、原文を声に出して読んでみていただくと、いっそうグッとくるものがあると思います。

私たちからすると、五二歳で老骨というのは早すぎる気がしますが、当時は役者も五〇歳になれば引退するような時代でした。体力的に十分、老境だったわけです。

もう無用なことはせずに、〈物数をばはや初心に譲りて〉〈安き所少な少な〉と演じた。派手な動きを必要とする演目は年の盛りの役者に譲って、老体でもできることだけを少しかげんしたりしながらやったけれども、たいへん見ごたえのある舞だった。**余計な動きを削ぎ落として舞う姿には、老いてなお花があった。そこに世阿弥は、枝葉を落とした老木のさまを重ね見た**わけです。

ただ巧くなればいいわけではない、こういう花もあるのだと知り、〈真の花〉の奥深さを知ったのです。

**「老木の花」というのは、究極のところ「存在感」**だと思います。

舞や所作の動きは、脂の乗っていたときのほうが美しかったかもしれません。けれど、勘所を押さえた老境の舞い姿、その存在感が圧倒的に素晴らしい。

ひとつのことを長年やりつづけてきた人だからこそ、本当に大事なところと、細々やらなくてもいいところとがわかる。**余計なところに手は尽くさずに、本質だけを捉えてやることができる。**手を抜くということではなく、大事なところに集中力を投入するための必然的なメリハリ、という感じでしょうか。

老木にたとえたところが、世阿弥の秀逸なところです。もう枯れているのではないかという風情の古木が花を咲かせたら、見る人の心には「おっ！」という驚きが生じます。これもまた、「珍しさ」という花なのです。

## 〈せぬ〉間をつなぐ心の糸

舞台に立ちながら〈せぬならでは手立てあるまじ〉というのは不思議な感じがしますが、世阿弥はこの〈せぬ〉ことを、能における大切な境地と捉えていました。

〈「せぬ所が面白き」など云ふことあり〉

〈せぬ隙《ひま》は何とて面白きぞと見る所、これは油断《ゆだん》なく心を綰《つな》ぐ性根《しょうね》なり〉

（『花鏡』万能綰二一心一事《まんのうをいっしんにつなぐこと》）

〈せぬ所〉〈せぬ隙〉とは、実際のところ何もしていないというわけではないのです。舞やしぐさを止め、次の動きに移るまでの間、あるいは謡の声を出していない間、何もしていないように見える間にも、油断なく意識が張りめぐらされている、だから場の緊張が途切れることなく、空白の間さえも充実していて面白いのだ、と言うのです。

〈心を糸にして、人に知らせずして、万能《まんのう》を綰《つな》ぐべし〉（同）

あやつり人形にたとえ、人形は糸で操ることで自在な動きをする。動きが止まっているときも、姿勢を保つために人形遣いはずっと糸で操作しつづけている。もし糸を完全に手放してしまったら、人形はガラガラと身体を崩し、まったく見られたものではなくなってしまう。

役者も同じで、何もしていないように見えるときも、心の糸を張りつづけていなくてはいけない。しかも、人に気取《けど》られぬようにして、すべての芸において糸をつないでおかなくてはいけない。

**人には見せぬように、心の糸を張りつづけること。**

これを、世阿弥は〈極《きわ》めたる秘伝なり〉（同）と強調しています。

ここからさらに、〈妙所《みょうしょ》〉〈無心無風〉（『花鏡』妙所之事）という芸境の話へとつながっていきます。**心の糸をしっかり張りつづけながら、なおかつ作為的なものを一切感じさせないことが、最高の芸のありようだ**、と説いているのです。

おそらく、観阿弥の最後の舞に、世阿弥はそういう姿を見ていたのだと思います。

## 老いることで深みが増す

世阿弥の次男・元能《もとよし》が、父の芸談をまとめた『申楽談儀』のなかに、こんな話が出てきます。

「自分（世阿弥）が父・観阿弥に劣る点はどこか。それは、足が機敏に動きすぎるところだ」と語っているのです。普通に考えれば、役者にとって足が機敏に動くのは長所でしょう。しかし、それが自分の劣っている点だ、と世阿弥は考えた。

観阿弥の「老木の花」の芸のありようを心に深く刻んでいた世阿弥は、自分も五〇歳を過ぎたらあのような境地に到達できるだろう、と考えていたのでしょう。ところが、同じほどの年齢になっても、自分は機敏に動けてしまう。あの枯淡《こたん》の芸境にはまだたどりつけていない。そう感じていたのではないでしょうか。

世阿弥は六〇歳のときに出家し、長男・元雅が観世座の太夫になっていますから、役者として一線を退いたのはこのときと考えられます。

父よりも長生きをし、長く現役として活躍したけれども、機敏に動けてしまうことにより、まだあのような「老木の花」を咲かせることができていない。芸に本当の深みを出せていない。そんな葛藤があったのではないでしょうか。

「老木の花」まで至りたいのであれば、どれほど上達しても、これでいいということはない、安住していてはいけない。生きている限り、歩みを止めるわけにはいかない。

〈命《いのち》には終りあり、能には果《は》てあるべからず〉（『花鏡』奥段）

この言葉は、そういう心境から出てきたのではないかと思います。

**世阿弥の説く「老いが深まるほど芸の深みが増す」という考え方は、老いの肯定です。**

「老いる」ことを、気の滅入ること、受け入れたくないことと捉えるのではなく、前向きに受け入れる心の技を、世阿弥は私たちに教えてくれています。

## 6　人生という舞台に立つ

**生涯、初心を忘れなければ、芸は向上しつづけ、みごとな入り舞で人生を閉じることができよう。**

〈一期《いちご》初心を忘れずして過ぐれば、上《あ》がる位《くらい》を入《い》り舞《まい》にして、つひに能下《さ》がらず〉

（『花鏡』奥段《おくのだん》）

# 老の入り舞をし損じないように

『花鏡』奥段の締めくくりは、先に紹介した〈初心忘るべからず〉です。

〈是非の初心〉〈時々の初心〉〈老後の初心〉、三つの初心について解説したうえで、

〈一期《いちご》初心を忘れずして過ぐれば、上《あ》がる位《くらい》を入《い》り舞《まい》にして、つひに能下《さ》がらず。

しかれば、能の奥を見せずして生涯《しょうがい》を暮《く》らすを、当流の奥儀《おうぎ》、子孫庭訓《ていきん》の秘伝とす〉

（『花鏡』奥段）

　生涯を通じて、つねにこれらの初心を忘れずに精進すれば、歳をとるほどに芸は深みを増して向上し、最後にみごとな入り舞を演じることができるだろう。生涯、芸の限界を見せないことをわが流の奥義として、子々孫々に伝える秘密の教えとする。

**折々の初心というものを忘れずに過ごせ、**というメッセージで、静かに着地しています。

〈入り舞〉とは、舞が終わって舞台から去るときに、もう一度戻ってひと舞い披露することを言います。いわば、アンコールのようなものですね。これを世阿弥は、人生

という舞台で最後のひと花を咲かせて、有終を飾るさまになぞらえたのです。

歳を重ねるうちに初心を忘れ、謙虚さを失い、経験がすっかり〈悪き劫《こう》〉になってしまっているのにそのことに気づかず、得々と古びたことをして人をがっかりさせるのは、〈老《おい》の入《い》り舞《まい》をし損《そん》ずる〉（『花鏡』劫之入用心之事）ことである、とも言っています。

能舞台に出てくる通路、橋掛かりは、「あの世」と「この世」をつなげている通路です。幕の向こうはあの世、舞台はこの世。

そういう空間で、生と死の間《あわい》を演じている。旅の僧の夢のなかで、この世に未練を残した亡霊たちが甦り、生と死のあいだ、その入り交じったところの世界観を味わうものです。

観阿弥と世阿弥のつくり上げた能というもの自体が、生と死というテーマに向き合い、人生について考えるための装置と言えましょう。

その舞台で何を見せるか。『風姿花伝』も『花鏡』も、そのための能の上達法を指南していくものですが、同時に「人生という舞台を、どういう心がけで生き抜いていくか」という人生哲学にもなっているのは、自然な理なのです。

## この舞台で自分は何を成し遂げたいのか

私たちが生涯をかけて獲得していくべきものは何でしょうか。

**自分の人生に対して、「舞台に立っている」という意識を持って臨む**ことが、とても大事なのではないかと私は思います。

現状に釈然としない思いを抱くのは、自分が思ったようなかたちで舞台に立てていない、という不全感が大きな原因です。

では、どうしたら自分は舞台に立てるのか。

舞台というのは、自分が立ちたいと言えば誰でも立てるものではありません。そこに立つ資質が要る。人から認められなければ立てない。そのために、自分は何をすればいいのか。何が自分には足りないのか。「舞台に立つ」という感覚を持つことで、いまやるべきことがピンポイントで見えやすくなります。

さらに、舞台に立つとは、つねに人から見られ、評価されることを意識することになりますから、自意識にとらわれているわけにはいかない。冷静に、客観的に、自分は外側からどのように見えているかを見据えないといけない。まさに〈離見《りけん》の見《けん》〉ができているかを問われることになります。

そういう意識のなかで自分を磨いていくことで、自分の人生において自分の舞台に立てるようになっていくのです。

**舞台に立つとは、他者から認められ、他者と交流しながら、自分の存在感を出していくこと**です。

それができると、居場所を見つけたという充実感を持てます。自分の舞台をもっとよくしたいという力が湧く。人との関係性のなかで、誰かを喜ばせることができます。これが〈衆人愛敬《しゅにんあいぎょう》〉〈寿福増長《じゅふくぞうちょう》〉です。自分のやっていることが人を喜ばせている、自分はそのために何らかの役割を果たすことができているという感覚が、幸せにつながっていきます。

自分を輝かせるには、「人生は舞台だ、自分はそこに立つ役者だ」という意識で、自分の足でしっかりと舞台に立つことです。

〈能の奥を見せずして生涯を暮らす〉という言葉があります。これは、行き止まりがない、限界がないという意味です。人生はいつでも初心。つねに、あと一歩先に進みたいと思いつづけてチャレンジしていくことが大事なのです。

## みごとな老木の花の咲かせ方

老木の花がすごかったなあと思うのが、先にも述べた樹木希林さんです。

若いころから、とても個性的で人生も独自な花の咲かせ方をしていた方でした。ドラマ『寺内貫太郎一家』で「ジュリー〜〜！」と叫ぶおばあさん役をやっていたときは、まだ三十代前半だったそうです。

どれほどたくさんのおばあさん役をやられたのか、晩年の映画『あん』『万引き家族』『モリのいる場所』『日日是好日《にちにちこれこうじつ》』などのリアルな存在感も際立っていました。まさに老木の花を咲かせた、みごとな〈老いの入り舞〉を見せてくれた、という感じでした。

生き方の姿勢に確固たるものがあって、歯に衣着せぬもの言いが類《たぐい》まれなる魅力となっていました。亡くなってからもその言葉を集めた本が何冊も出版されてベストセラーになりました。

樹木さんはがんと闘病していたことが知られていましたが、二〇二〇年四月に亡くなられた映画監督の大林宣彦監督も、がんに蝕《むしば》まれた身体で故郷・尾道を舞台にした『海辺の映画館　キネマの玉手箱』を撮りつづけ、気迫のこもった老木の花を見せてくれました。

ＮＨＫのドキュメンタリー番組で見たのですが、「この映画ができ上がるまでは何があっても死なないぞ」という覚悟が強烈に伝わってきました。

おふたりとも他の人には真似のできないような生き方をされた方ですが、自分の生き方に毅然とした誇りを持ち、信念を貫き通す姿勢が、老木の花を咲かせるエネルギーになっているように感じられます。

どちらも、本当に生き切ったのだな、という印象を強く残した最期でした。

# すべては、誰かのために

人生をどう生き切るか。

自分にとっての〈真の花〉を追い求めることはもちろん大事ですが、それぞれの世界で、その人ならではの花を咲かせている姿、〈真の花〉を咲かせている姿を、世の中にいろいろ見つけだすのもいいのではないかと思います。

〈真の花〉を咲かせている人の生き方に触れて感動する。それに感応して心に湧き立つものが、自分にとっての〈真の花〉につながることもあります。

さしあたって、**ひとつのことに専心してみる**ことをお勧めします。

できることなら、**ただ自分のためにやるのではなく、誰かのためになることへと結びつけていく**。そうできたら、もっといいと思います。

一体どんな花を咲かせられるのか。

自分の入り舞のあり方を想像できるようになると、きっと幸せな歳の重ね方ができるはずです。

# おわりに――古典は「魂の避難所」である

この原稿を書いている二〇二〇年五月現在、人類は新型コロナウイルスと闘っています。

先行き不透明な状況のなか、不安やストレスが募《つの》り、心の疲弊を感じている人も多いと思います。

こういうときこそ、偉大な先人に学ぶのがいい。**時の流れの試練に耐えた古典には、「魂の避難所」のような力があります。**

目の前の現実に行き詰まったとき、いまの文脈だけで捉えるよりも、時空を超えたなかにある普遍性が、むしろ心を支えてくれるのです。はるか昔に書かれたものなのに、いま読んでいて心に刺さる。どう生きたらいいかという不安に、一筋の光を与えてくれる。勇気づけられる。

古典には、そういう力があります。

世阿弥の人生と言葉のなかには、不安を乗り越えて、より充実した人生に向かっていくヒントがたくさん詰まっています。

たとえば、**不安なとき、迷ったとき、世阿弥の精神を宿しているキーワードがパッと心に思い浮かび、それがいまの自分の判断や行動のヒントになる。**

さまざまな情報が次々と入ってくるなか、いま、どうすることが本質的に重要なのか。冷静な判断ができなくなりやすいものです。

そこで、「そうだ、ここは**〈離見の見〉**の視点が必要だ」と考えられたら、冷静さを取り戻すきっかけになります。混乱した状況のときには、自己客観視する姿勢はとくに重要です。

あるいは、「**〈初心忘るべからず〉**とは未熟な自分を思い起こすことだったのか。よし、いまこそ原点に立ち返ろう」と考える方もいるかもしれません。当たり前のことに対するチェックの眼を持つ習慣は大事です。

「これまでの自分は**〈時分の花〉**だった。これからは**〈真《まこと》の花〉**を咲かせることを考えよう」と、人生の舵《かじ》を切る人もいるかもしれません。

これまで書いてきたように、世阿弥の生涯は、不条理な運命に翻弄され、不安に直面することが非常に多かった。だからこそ、世阿弥は自分の置かれている状況をつねに正確に把握し、目の前の不安を乗り越えていく強さを持っていた――。

そのメンタルの強さは、**「頭の整理力」**に支えられていたと私は思っています。

**ネガティブな状況に対して、思考停止することなく、「ならば何ができるのか」と考えることで、自分を一段成熟させていく。**だから、新しいものを生み出していくことができたのです。

世阿弥はそうやって、幾多の壁を乗り越え、波乱の人生を生き抜きました。

不条理な状況に投げ出されている（＝被投）なかで、未来に向かって選択しながら自分を投げ出していく（＝投企）ことを、実存主義では「被投的投企」と呼びます。

不条理の渦のなかに投げ出されても、いまできることは何かと考え、可能性をつかんで前へ進んでいく。世阿弥の生き方には、ある種そういう実存主義的な精神のあり方を見ることもできます。**いま私たちが直面しているコロナ禍も、人類に与えられた実存主義的な大きな課題であると言える**と思います。

頭の整理は心の整理。頭の整理ができると、心は落ち着きます。

不安な状況に見舞われても、状況を整理して考えることで、心の状態も整理できる。そうすることで、自分にできること、やるべきことも整理されていく。

世阿弥は頭の整理ができていたから、心の整理にも長《た》けていたのではないかと思っています。

私たちが世阿弥から学べることはたくさんあります。

大学院生時代に上達論の研究をしていた私は、世阿弥の資料を集めて研究するだけでなく、能の先生について謡《うたい》を習うことにしました。

一対一で指導していただくのですが、「臍《せい》下《か》丹《たん》田《でん》、お臍《へそ》の下に息をあてなさい」という言葉はいまも深く焼きついています。

声は口から出るのに、お臍の下に息をあてるとはどういうことなのか？

先生はわかりやすく説明はしてくれません。ひたすら繰り返してやり、「違います」「違います」と言われつづけて、自分で「ああ、これか！」と体得していく。それが能の稽古のあり方でした。臍下丹田の重要性への気づきは、私の身体論研究の大きな軸になりました。

その先生はもう亡くなられてしまいましたが、教えを受けた時間は人生の宝になっています。先生を通じて、私の身体感覚にも世阿弥が棲《す》み込んでいます。

そんな縁深き世阿弥の言葉をまとめてみたいと構想したのは、十年以上前のこと。今回、座右シリーズとして出版することができ、非常に嬉しく思っています。本作りにあたっては、阿部久美子さん、光文社の樋口健さんに大きな御助力をいただきました。ありがとうございました。

本書を世阿弥の精神に触れるきっかけとしていただき、原文を読んでみようという方が増えることを楽しみにしています。わかりやすい訳文付きのものがいろいろ出ていますので、ぜひチャレンジしてください。さらなる発見がいろいろあるはずです。

また、ぜひ実際に能の舞台を味わってみてください。心を整える効果があることに気づくとともに、日本にこのような伝統文化があることを、誇り高く思えることでしょう。

二〇二〇年五月

齋藤　孝

《参考文献》

『演劇人 世阿弥　伝書から読む』（堂本正樹著、NHKブックス）
『心より心に伝ふる花』（観世寿夫著、角川ソフィア文庫）
『風姿花伝・三道』（竹本幹夫訳注、角川ソフィア文庫）

**齋藤孝（さいとうたかし）**

1960年静岡県生まれ。東京大学法学部卒業。同大学院教育学研究科博士課程等を経て、現在、明治大学文学部教授。専門は教育学、身体論、コミュニケーション論。著書に『座右のゲーテ』『座右の諭吉』『座右のニーチェ』『35歳のチェックリスト』『人生後半の幸福論』（以上、光文社新書）など多数。

# 座右《ざゆう》の世阿弥《ぜあみ》 不安《ふあん》の時代《じだい》を生《い》き切《き》る29の教《おし》え


2020年6月30日初版1刷発行

著　者 ―― 齋藤孝
発行者 ―― 田邉浩司
装　幀 ―― アラン・チャン
印刷所 ―― 堀内印刷
製本所 ―― ナショナル製本
発行所 ―― 株式会社光文社
東京都文京区音羽1-16-6（〒112-8011）
https://www.kobunsha.com/
電　話 ―― 編集部03（5395）8289　書籍販売部03（5395）8116
業務部03（5395）8125
メール ―― sinsyo@kobunsha.com




ISBN 978-4-334-04477-0

1049
## 体育会系
日本を蝕む病
サンドラ・ヘフェリン

パワハラ・忖度・過労自殺・組体操事故・#KuToo…不合理な同調圧力は学校から始まる。愛する日本が先進国であるために、負の連鎖を破る特効薬を日独ハーフの作家が緊急提言！

978-4-334-04458-9

1050
## ONE《ワン》 TEAM《チーム》のスクラム
日本代表はどう強くなったのか？
増補改訂版『スクラム』
松瀬学

2019年の流行語大賞にも輝いた「ONE TEAM」。その象徴はスクラムだ。長谷川慎コーチ、堀江翔太、稲垣啓太、具智元が明かす、フィジカル勝負、心理戦、頭脳戦の攻防。

978-4-334-04460-2

1051
## 段落論
日本語の「わかりやすさ」の決め手
石黒圭

段落を意識すると、文章力はもちろん、読む力や話す力までも伸ばすことができる――思考をわかりやすく整理してくれる「段落」の可能性を、日本語研究の第一人者が明らかにする。

978-4-334-04461-9

1052
## 期待値を超える
僕が失敗しながら学んできた仕事の方法
松浦弥太郎

情けない失敗だって、むしろチャンスなんだ。仕事で苦しい思いを抱えていても、自信は取り戻せる。元『暮しの手帖』編集長による、勇気がわいて少しだけ前向きになれる仕事論。

978-4-334-04462-6

1053
## 女性リーダーが生まれるとき
「一皮むけた経験」に学ぶキャリア形成
野村浩子

女性の思考と行動が社会を変える――。四半世紀にわたって女性リーダーの取材を続けてきた著者が国内外の女性役員にインタビュー。キャリア形成のヒントを探る。【推薦・金井壽宏】

978-4-334-04463-3

1054

## 自己分析論

高橋昌一郎

「私とは何か」は答えのない問いだから、日本の学生が苦しんで当然。就活で便利ツールを使った攻略法から人生における「本当の自分発見」まで。探究を続ける人のための道案内。

978-4-334-04464-0

1055

## 搾取される研究者たち

### 産学共同研究の失敗学

山田剛志

突然届いた特許の「権利放棄書」、企業からの無理難題、研究者を守らない大学、心を病む助教、院生、学生……。産学共同研究政策は、研究者のためになっているのか？

978-4-334-04465-7

1056

## 芸術的創造は脳のどこから産まれるか？

大黒達也

創造性とは何か？ 脳科学や計算論、人工知能に関する膨大な論文を通じて、「天からの啓示」とされる閃きのメカニズムを解析。カギは「脳の潜在記憶」にあった。

978-4-334-04466-4

1057

## 「自分らしく生きて死ぬ」ことがなぜ、難しいのか

### 行き詰まる「地域包括ケアシステム」の未来

野村晋

何が「地域包括ケア」の実現を不可能にしているのか。現役厚労官僚が柏市や岡山市での実践を基に具体的な行政手法を紹介。自治体や医療・福祉関係者、企業や市民に次の一歩を促す。

978-4-334-04467-1

1058

## ぼくが見つけたいじめを克服する方法

### 日本の空気、体質を変える

岩田健太郎

自らもいじめられっ子だったという著者が、数々の経験の末に導き出した克服法とは。ダイヤモンド・プリンセス号の告発で注目の感染症医による、同調圧力を打ち破るための一冊。

978-4-334-04474-9

1059

## ホークス3軍はなぜ成功したのか？

才能を見抜き、開花させる育成力

喜瀬雅則

千賀滉大、甲斐拓也、牧原大成、石川柊太、周東佑京、大竹耕太郎――なぜホークスだけが3軍制で大成功を収めたのか？　多くの選手・関係者への取材を元に解き明かす。

978-4-334-04470-1

1060

管理栄養士が伝える

## 長生き食事術

人生100年時代の「新・栄養学」入門

麻生れいみ

「食」を変えればカラダと人生が変わる――。明日の健康を手に入れる、未来の病気のリスクを減らすための「日常生活で何をどう食べるか」。シーン別の食事マネジメント術も公開。

978-4-334-04471-8

1061

## 深宇宙ニュートリノの発見

宇宙の巨大なエンジンからの使者

吉田滋

南極点の氷河に突き刺さった「宇宙からの使者」とは？　日本の物理学分野の最高峰・仁科記念賞を受賞した著者による、「高エネルギーニュートリノ」の発見をめぐるスリリングな物語。

978-4-334-04472-5

1062

フェイクニュース時代を生き抜く

## データ・リテラシー

マーティン・ファクラー

虚偽に流され情報の蛸壺に陥らない方法をNYタイムズ元記者が指南。V字回復した同社にメディア再興の道も探る。日本の新聞は権力を離れて調査報道に注力し、紙信仰を捨てよ！

978-4-334-04473-2

1063

## 業界破壊企業

第二のGAFAを狙う革新者たち

斉藤徹

アマゾン、ウーバーなどに代表される、業界秩序や商習慣にとらわれず、斬新なビジネスモデルやテクノロジーによって、業界で〝一人勝ち〟する企業を一挙紹介。【大前研一氏、推薦】

978-4-334-04475-6

1064
## 歴史秘話 外務省研修所
知られざる歩みと実態
片山和之
外交官・人間としての「7つの美徳」と「『勘』の養い方」とは？　華やかな外交の表舞台の対極に位置し、国家の命運をも左右しかねない「黒子の存在」を、現役の所長が初めて綴る。
978-4-334-04434-3

1065
## 笑わせる技術
世界は9つの笑いでできている
西条みつとし
「共感」「自虐」「裏切り」「安心」「期待」「無茶」「発想」「リアクション」「キャラクター」——日常会話から合コン、商談、スピーチ、お笑いのプロを目指す人まで使える新教科書。
978-4-334-04459-6

1066
## 「高学歴ワーキングプア」からの脱出
水月昭道
『高学歴ワーキングプア』刊行から13年、研究者であり僧侶でもある著者が、紆余曲折ありながらも行き着いた境地とは？　元ポスドク、前野 ウルド 浩太郎氏との対談を収録。
978-4-334-04476-3

1067
## 日本の少子化対策はなぜ失敗したのか？
結婚・出産が回避される本当の原因
山田昌弘
1・57ショックから30年、出生率の低迷が続く日本。家族社会学者である著者が、少子化対策の的外れだった点を分析。いま直視すべき、日本に特有の傾向・意識、そして変化とは？
978-4-334-04468-8

1068
## 炎上CMでよみとくジェンダー論
瀬地山角
炎上する広告には必ず理由があり、近年その多くがジェンダーへの無理解を背景としている。炎上の構造を4つの象限で捉え直す、東大名物講義の「番外編」。
978-4-334-04469-5

光文社新書

1069
## 日本の映画産業を殺すクールジャパンマネー
経産官僚の暴走と歪められる公文書管理

ヒロ・マスダ

「日本再生の柱」と叫ばれたクールジャパン政策はなぜ失敗したのか？　現役映画プロデューサーが官民の腐敗と怠慢を暴くとともに、「現場」に効く改革案を提言する。

978-4-334-04448-0

1070
## 座右の世阿弥
不安の時代を生き切る29の教え

齋藤孝

「いま、ウケることをやる」「思い込みにとらわれない」……。世阿弥の『風姿花伝』『花鏡』には「名言」が満載だ。その世阿弥の言葉を、今日的なわかりやすい表現で一挙紹介する。

978-4-334-04477-0

1071
## 高城式健康術55
医師が教えてくれない家庭の医学

高城剛

「僕は心地よく生きるために健康に気を配っている」――絶えず世界各地を行き来しつつ活躍を続ける著者が、パフォーマンスの質を保つために注目・実践する次世代の最新医療とは。

978-4-334-04478-7

1072
## 沖縄から貧困がなくならない本当の理由

樋口耕太郎

「沖縄問題」を突き詰めることは、日本の問題を突き詰めることであり、それは、私たち自身の問題を突き詰めることだ――。「コロナ後の世界」のありかたをも問う、鮮烈の問題作。

978-4-334-04479-4

1073
## AV女優の家族

寺井広樹

親にはデビュー前に話したのか、兄妹には何を伝えたのか、そして子供には自分の仕事を明かすのか？　女優たちが赤裸々に語る「家族」の話から、新しい時代が見えてくる。

978-4-334-04480-0